新课程怎么教丛书
XINKECHENG ZENMOJIAO CONGSHU

新课程

英语怎么教

YINGYU?

怎样才能很好地适应新课程？怎样才能在新课程教学过程中给学…的氛围；建立平等、民主、信任的新型师生关系？怎样才能引导学生由…于积极的、自由的、宽松的心理状态，能自主的参与数学课堂学习？使课堂气氛活跃？我认为要解决这些问题就需要自身不断去积累，不断去学习探究。下面就《新课程怎么教》谈谈自己在学习中的一点体会。

…健
本书编写组 ◎编著

世界图书出版公司
广州 · 上海 · 西安 · 北京

图书在版编目（CIP）数据

新课程英语怎么教/《新课程英语怎么教》编写组编. —广州：世界图书出版广东有限公司，2011.3（2021.12 重印）
ISBN 978-7-5100-3336-0

Ⅰ.①新… Ⅱ.①新… Ⅲ.①英语课-课堂教学-教学法-中学 Ⅳ.①G633.412

中国版本图书馆 CIP 数据核字（2011）第 036086 号

书　　名	新课程英语怎么教 XIN KE CHENG YING YU ZEN ME JIAO
编　　者	《新课程英语怎么教》编写组
责任编辑	冯彦庄
装帧设计	三棵树设计工作组
责任技编	刘上锦　余坤泽
出版发行	世界图书出版有限公司　世界图书出版广东有限公司
地　　址	广州市海珠区新港西路大江冲 25 号
邮　　编	510300
电　　话	020-84451969　84453623
网　　址	http://www.gdst.com.cn
邮　　箱	wpc_gdst@163.com
经　　销	新华书店
印　　刷	三河市人民印务有限公司
开　　本	787mm×1092mm　1/16
印　　张	13
字　　数	160 千字
版　　次	2011 年 3 月第 1 版　2021 年 12 月第 2 次印刷
国际书号	ISBN　978-7-5100-3336-0
定　　价	38.80 元

本 册 编 委

主 编

李 健

编 委

崔金明 段云霞 黄娟娟 何 坤

序言

新课程改革是进入新世纪以后影响我国教育的一件大事，它正在逐渐走进中小学的课堂，重新规范中小学教师的一系列观念、行为。在新课程实施中，有的教师将课程单纯视为教学内容的变革和教材调整，认为只要把新的知识结构教给学生就完成了新课程赋予的使命；有的教师将新课程的实施单纯视作课堂教学方法的重新调整，认为只要教学上体现出新课程的要求就可以了；还有的教师将课堂上学生的参与当作新课程实施的典型体现，认为只要在课堂上和学生互动了，新课程的要求也就实现了……凡此种种，都反映出一些教师对新课程改革认识上的偏颇，导致的结果是课堂并没有真正活起来、动起来，学生的学习方式并没有得到真正的改变，学生的生活世界并没有真正受到关注，学生的生命价值并没有得到真正的体现。

其实，新课程改革不是换一套教科书，而是教育领域一次深层次的彻底革命。这场以转变教学理念为先导，以课堂教学改革为核心，以提高教师素质为突破口，以转变教学方式为手段，以“一切为了学生发展”为目标的全面改革，旨在通过培养学生的创新精神和实践能力，全面推进和实施素质教育。新课程改革将改变学生的学习生活，也将改变老师的工作方式、生活方式乃至生存方式。老师的角色已变成学生学习的促进者、引导者、教育教学的研究者、课程和开发者和创建者。所以说，新课程对广大教师来说，既是机遇，又是挑战，教师能不能明确意识到自己面临的机遇和挑战，能不能做出积极的回应和改变，能不能尽快走进新课程，是新课程能不能顺利实施的根本保证。

基于此，我们特别组织了国内新课程实验区示范学校的核心专家和一线教师编写了“新课程怎么教”丛书。这套丛书以初中新课程标准为主，旨在为中学教师实施新课程提供一个创造性的平台，引导教师把新课程的理念落实到每一个教学活动中、落实到每一个学生的身上；帮助教师根据教学目标设计各具特色的教学活动；为教师提供丰富的课程资源；为教师科学地运用评价功能，提出多元的方法和可操作性的建议。丛书具有以下显著特点：

一是理念新。课程改革，首先是更新教育教学理念的问题。理念新了，以理念为基础形成的教学方法及其体系才能适应新课程的要求。那么，新课程是建构在哪些新理念之上呢？这些新理念与传统的教育教学理念有什么关系呢？教学实践中，我们又要怎样贯彻落实这些理念呢？本套丛书以现代教学理论为基础，结合实验区教学实践通俗易懂地回答了上述问题。

二是内容新。它与新课程实验息息相通，采集援引了大量的新课程实验区的鲜活的教学案例，这些案例用最生动的材料记录了在实验一线的教师的思考，尤其是教学过程实施的具体方式，是一份很难得的关于中国基础教育课程改革的参考文档。

总之，本套丛书既是新课程的理论探索和实践操作的高度融合；又是教育科学性与艺术性的高度统一；更是全国各实验区教师对新课程探索实践的智慧结晶，具有全面、系统、通俗、实用、操作性强之特点。

当然，由于时间仓促，以及理论研究本身的不足，这套供广大中学教师使用的丛书难免存在谬误之处，敬请学界同行和广大教师批评指正，以便我们不断修订完善。

最后，让我们共同期待“新课程怎么教”丛书，对广大教师理解新课程，走进新课程，提高教学水平发挥出积极作用！新课程需要我们共同学习，不断探索，勇于创新实践，才能不断完善！

前　言

在课程改革推进的这个时代难免会有些彷徨，不知道前进奋斗的方向是否会出现偏差，教学的理念和思维是否需要进一步的调整，或如何进行调整。带着对课程改革中的一些问题的思考，笔者编写了这套《新课程怎么教》丛书，旨在与同行们进一步讨论在课程改革背景下的教学实际操作中的经验和心得，分享教学的体验，利用实际的课例和案例来共同探讨，以此互勉。

本书依据英语新课程改革的理念，具体阐述了在教学工作中的教师可能会遇到的一系列实际问题，对于实际的教学有较强的指导性。本书主要有以下特色：一是理念的阐述通俗易懂。教学没有理念的指导就会像航行的船只没有了前进的方向，我们在全力以赴进行课程改革的研究和实践，但我们要确保前进的方向必须正确。笔者从一线教师的实际需要出发，用一问一答的形式深入浅出地介绍了新的课程理念，言语易懂，有别于空洞的理论，使广大教师能够轻松地理解新课程的基本内涵。二是课例真实并具有典型性。任何对教学实践有指导意义的材料必须以大量案例为依托，否则就是空中楼阁，虚无缥缈。教师们可以通过这些案例感受到如何把课程理念转化为教学行为，解决好“怎么做”的问题。三是针对新课程理念阐述了在新课程理念下英语老师专业化发展的问题，为老师的成长指明了方向，在促进教师由“教书匠”向研究者角色的转变中起到积极的作用。

我们已经清楚地认识到课程改革的进行必须严格执行，这是强国之本，是民族繁荣发展的重要保障，而教育改革的关键在于实施和落实。教师，作为教育教学的主要参与者和具体实施者，在课程改革中起到了先锋队的作用，站在了最前端。只有坚定不移地贯彻课程改革的理念并且有效地将理念转化为实践，才能确保课程改革的顺利进行，我们的最后目标才能实现。

所以，新课程改革，在引发教学思想和教学管理等方面发生巨大变革的同时给我们每个人都提供了前所未有的机遇，但这是挑战。我们一定要抓住机遇，迎接挑战，为理想的最终实现而不懈努力。脚踏实地，踏实奋斗，准备充分，认真分析，我们一定会亲历课程改革的巨大成功。

目　　录

经典课例教学设计 /19

附录 初中英语新课程标准 /167

走进新课程，探究英语教学新模式

目前，我国正处在全面推进素质教育科教兴国的关键时期，在基础教育改革取得巨大成就的同时，课程改革在教育改革中的核心地位越来越突显出来。教育的目标、价值主要通过课程的设置和完成来体现和实施，因此，课程改革无疑是教育改革的核心和灵魂。

1. 新课程与旧课程究竟有什么不同？

教育理念内涵上的差异是核心，新课程的宗旨是提高学生学习的能力，进而提高国民素质，以学生的终身发展为本，更强调学习过程中的体验和人格的培养以及生存能力、适应能力的培养。

新的基础教育课程体系，重点是培养学生的创新精神和实践能力，帮助学生在实践中应用所学的知识解决问题。这个体系着眼于两个强调：强调每个学生身心健康发展的重要性，培养良好品德修养；强调“终生发展”的理念，培养学生终身学习的能力。

2. 课程改革要改变什么？

旧模式的教材内容的改变，教材形式的处理的调整，重要的是改变原有的教学方式及评价体系等，从而促使师生角色发生变化，教师不再是简单的传道授业，学生将成为学习的主人，教师将扮演的角色是引领者、组织者和合作者。

基础教育改革的目标是：

① 改变课程过于注重知识传授的影响，强调培养形成积极主动的学习

态度，使知识的获得与基本技能的培养同时成为学会学习和形成正确价值观所要达到的阶段目标；

② 改变课程结构过于强调学科本位主体的状况，使课程结构具有均衡性、综合性和选择性三个特点；

③ 改变课程内容“繁”、“难”、“偏”、“旧”和偏重书本知识的现状，加强课程内容与学生生活以及现代社会科技发展的联系，巩固课程内容为社会发展服务的宗旨，关注学生的学习兴趣的培养和经验的积累，精选终身学习必备的基础知识和技能；

④ 改变课程实施过于强调被动接受学习、死记硬背、训练过于机械化的状况，倡导学生主动积极参与、增强探究意识、愿意动手分析，培养和加强学生搜集和处理信息的意识和能力、获取新知识的能力、在新环境下分析和解决问题的实践能力，以及重在提高与别人交流与合作的能力；

⑤ 改变传统课程评价过分强调评价的甄别与选拔功能而忽视学生全面发展，发挥评价促进师生共同进步提高，从而改进教学实践；

⑥ 改变课程管理过于集中的状况，实行国家、地方、学校三级课程管理，增强课程对地方、学校及学生的适应度，同时调整课程和学生的贴合度。

3. 课程改革的核心任务是什么？

新课程改革的核心任务是改变学生的学习方式和思维模式。

新课程要改变学生被动接受的传统方法，倡导教师创设能够引导学生主动参与的教育活动，让学生为学习的主体真正成为现实，营造师生互动、小组讨论的交互式的学习方式；鼓励学生敢于向教师质疑，与教师进行平等的对话与交流；倡导学生之间为促进学习而进行的各种讨论，增加讨论的套路和样式，把学习变成教师引导学生参与的良性循环的过程，改变过分注重记忆、取法主动参与、一味被动模仿的学习倾向，把自主探究与合作交流作为重要的学习方式，从而激励学生的学习兴趣，促进学生的更大进步。

4. 新课程的学生培养目标与课程目标有什么联系？

新课程的培养目标是以“关注人的发展”为基础，人文理念为根本，培养综合能力素质优异、具有世界眼光的人才。为了使新课程培养目标落实到课程中，将课程总目标分解为知识与技能、过程与方法、情感态度与价值观三个分目标。

《基础教育课程改革纲要（试行）》中指出，新课程的培养目标可以概括为“六个具有”和“一个初步形成”，强调要使学生：

① 具有爱国主义、集体主义精神，热爱社会主义，继承和发扬中华民族的优秀传统和革命传统；

② 具有社会主义民主法制意识，遵守国家法律和社会公德；

③ 初步形成正确的世界观、人生观、价值观；

④ 具有社会责任感，努力为人民服务；

⑤ 具有初步的创新精神、实践能力、科学和人文素养以及环境意识；

⑥ 具有适应终身学习的基础知识、基本技能和方法；

⑦ 具有健康的体魄和良好的心理素质，养成健康的审美情趣和生活方式，成为有理想、有道德、有文化、有纪律的一代新人。

5. 新课程标准与传统的教学大纲有什么区别？

新课程标准比传统的教学大纲在教学过程和结果评价体系中，对教师更具有指导意义，更具体，更容易操作。

传统的教学大纲较多以学科体系为中心来表述学科的知识点和教学要求，更多强调的是对知识的系统分类和细化要求。对能力和教学要求往往采用“初步了解”、“理解”、“掌握”、“运用”等抽象的方式，并没有探究具体的衡量标准，可操作性不强，对教师具体了解学生的各项能力和技能达到的程度缺乏明确的指导和评价。新课程改革力图通过新课程标准形式，在学生知识、技能、情感、态度及能力的发展方面具体化，从而明确制定我国基础教育各门课程的基本标准，初步建立起我国基础教育的课程标准体系。

① 在课程目标上，要求从知识到技能、过程与方法、情感态度与价值观等多方面设计具体的课程；

② 在课程内容上，注意密切联系学生的实际生活和经验以及社会、科学发展的现实，强调学科知识、学生经验和社会发展三方面内容的整合；

③ 在课程要求上，新课程标准不仅仅结合知识点明确具体的应到达的结果性目标，而且每个学科都结合本学科的各自特点，明确提出了学习过程中的一系列过程性目标和体验性目标，来分阶段辅助结果性目标的实现，以期学生在获得知识的同时学会学习的方法，并形成正确的价值观。同时，新课程标准还对教学过程与环节、教材的编写和学生学习质量的评估和考察明确了具体要求，操作性更强。

6. 新课程的学习评价与传统的教学评价有什么不同?

新课程标准下的评价是以发现学生的优势和亮点为目标，帮助学生建立自信，寻找学习的动力和乐趣的评价；而传统的教学评价更强调分数和等级，更强调对学生的学习结果的甄别。

以往的评价，往往在阶段或整个学习结束后，进行一次书面测验或考试，其卷面分数就代表了学生的学习结果。即便试卷不可置否的存在某种程度上的片面性，也能完成对学生的学习过程的甄别。

课程标准指出："学习的评价，在关注学习结果的同时，同样要关注学习的过程，以及作为学习主体的学生的情感、态度和行为的变化。"课程标准强调：

① 评价功能从注重甄别与选拔转向发掘、反馈、激励与再调整；

② 评价内容从过分注重学业成绩转向注重多方面、全方位的发展；

③ 评价技术从过分强调量化转向更加重视质的分析和跨越；

④ 评价主体从单一转向多元；

⑤ 评价角度从终结性转向过程性、发展性，注重学习的整体性，更加关注学生的个别差异和个性化发展；

⑥ 评价方式更多地采取诸如观察、跟人展示、面谈、基本调查、作品展示、小组项目活动报告等开放的多样化的方式，而不仅仅依靠笔试的结

果，更多地关注学生的潜能、现状和未来的发展趋势。

⑦ 新的评价方式力求评价体系指示简明、方法明确易行、具有更强的可操作性。

7. 英语课程改革的基本理念是什么？

英语作为一门实际交际能力很强的学科，其实用性和普及型应是课程改革的重要目标。学习对实际交流更加有用的英语，真正将英语当成工具，当成解决其他学科学习的辅助工具，培养对终身发展有用的交际型英语，改变传统英语学习方式，构建开放式课程，构建基于现代信息技术的多媒体课程，充分利用现代信息技术，使学习结果与学习过程并重，增加多元评价体系和评价机制。

英语新课程标准指出："英语课程要面向全体学生，注重素质教育。课程特别强调要关注每个学生的情感，激发他们学习英语的兴趣，帮助他们建立学习的成就感和自信心，使他们在学习过程中发展综合语言运用能力，提高人文素养，增强实践能力，培养创新精神。"其中，让学生在学习过程中综合运用语言的能力是关键，增强实践能力是这次英语课程改革中最强调的理念之一，它表明义务教育阶段中的英语课程将从应试的"得分"的"怪圈"重新回到正常的语言学习本位——实践和应用。我们培养的学生每天都会应用语言，无论他们选择的是文科或理科课程，也无论他们将来从事什么工作，都不可避免地会在各个角度和层面接触英语，而能让他们终身受益的是语言的实际交流和应用的能力，这种技能也正是新课程理念所倡导的内容。这种能力包括对语言使用场景的认识、对不同场景的甄别和适应、懂得识别和欣赏文化背景下的语言表达的差异、乐于享受语言的富于变化的表达方式、能够灵活应用语言来完成实际的交流目的等方面的能力。英语课程在"培养学生情感态度和文化意识的发展"上是有所作为的，它能帮助学生认识现代社会中不同文化存在的客观性，理解不同文化背景下的语言表达差异和人们生活方式的不同，正确鉴赏各具特色的语言人文性，增强"交流应用"的意识，从而学会与培养积极向上的人生态度和生活目标。

英语课程标准指出："学生在教师的指导下，通过感知、体验、实践、参与和合作等方式，实现完成任务的目标，感受成功。在学习过程中进行情感和策略调整，以形成积极的学习态度，促进语言实际运用能力的提高。"英语课程有着丰富的内涵与广阔的外延，并且关注、影响学生的人生态度和生命感悟，从而促进每个孩子的终身学习与未来发展，这正是当今时代发展最迫切需要的内涵，也是"以学生发展为本"教育理念的充分体现，同时还是新课程与旧课程的最大差异，是进行新课程改革最期望达到的进取目标。

8. 什么是英语语言实际运用能力的提高？

一般而言是指学生能够在理解文化差异的前提下针对身边的与生活密切相关的场景作出的正确反应，在完成交流的目的的同时可以解决实际的相关的问题，又能让学生学到一定的知识和技能，以便更好体验生活。

在英语教学中，要充分关注"语言实际运用能力"的内容。它们包括：

① 在日常的生活场景中正确使用英语知识完成交际的目的；

② 学会在与学生未来职业发展相关的场合下的应变能力和自我展示能力，例如：在重要会议之前的自我介绍和用所掌握的材料对大型活动的相关阐述；

③ 能够感悟他人表达中的情感色彩，理解语言最基本的情感层面的表义，同时根据自己的实际场景需要寻找相关的应对表达方式，完成对情景积极态度的应激反应；

④ 利用平时的阅读能力与相关技巧的训练完成各个场景对快速阅读寻找相关信息的要求，从而完成实际的应用目的，例如：报纸上各种广告的筛选和公告栏内相关信息的识别和选择；

⑤ 写作基本知识的运用在实景交际中应用很多，主要的是应用文体的使用比较普遍，例如便条和通知，熟练应用并且遵守相关的格式和样式的要求可以使生活的交流更加和谐，使自己的竞争力更强；

⑥ 运用英语所学知识读懂各大媒体的系列报道，在了解国内外重大事

件的同时，理解其发生的相关背景，更深入了解英语国家的文化现象；

⑦ 能完成不同场景下的翻译，来达到人们之间相互交流和沟通的目的，使交流双方都保持愉悦的心情，使语言的魅力与底蕴展露无疑；

⑧ 熟悉英语国家的文化与本民族文化之间的差异，互相尊重便于进一步增强人际的交往与合作。

9. 如何改变英语学习方式?

首先，英语学习方式的改变是大势所趋，但我们还是要搞清楚改变它的学习方式的目的，这样可以帮助我们更好地推进改进方式并实现最终目标。就现实状况和长远规划而言，我国中学生的英语学习方式仍然存在以教师讲授为主、机械记忆为主要实现教学目的的方式、以书本内容为主体的状况，缺乏灵活的引入课外实景的丰富材料，使得课堂教学略显沉闷。而现代教育理论认为，学生是学习的“主体”而不是“客体”。只有学生积极参与，主动学习，才能有效地掌握相关知识，将英语学习变得精彩有趣。而这需要引入丰富的课外材料但又必须紧抓新课程的内容，深刻领会其中内容，融会贯通，才能彰显其魅力。

一是倡导多元化教学模式与分层教学相结合的英语学习方式。

在英语的教学中，多元化指在引入内涵多样性的材料时将五种基本功的能力训练并举，可以灵活安排，样式多样；而分层式教学则指在与学生练习情景话题的讨论时根据学生实际的语言能力合理选择不同层次的话题，让学生在表达中更有思维延展的空间，话题的开放度更大，更能进一步激发学生的潜能和创造才能，可以进一步达到语言训练的效果。

将多元化的教学模式进行笼统的划分可以有下列的方式：

按语言交际功能分类：基础性学习方式、延展性学习方式、研究性学习方式。延展性英语学习是为扩展学生知识视野和语言应用场合和领域而采取的积极主动的学习方式，它主要培养学生的自主学习能力从而培养自我创新意识和自我发展能力，而研究性学习是语言的探究活动，它的主要目标是培养学生的创造性学力和开拓创新的能力。

按内容分类：理论性学习方式、实践性学习方式。

按行为分类：自主性学习方式、交互性学习方式。

二是重视语言的研究性学习。

研究性学习是指在教师指导和带领下，参与的学生从学习生活和社会生活中选择和确定语言的研究交际的层面，主动获得知识，应用知识从而解决问题的学习方式。研究性学习的实施主要分为两种：课题研究类和项目活动类。而在中学阶段项目活动类的建造更有基础和实际的可操作性。

三是遵循学生的心理发展规律，逐步引导，稳中前进。

教育心理学告诉我们，学生在中学的学习阶段要做到逻辑思维的培养上优于直观形象思维，在学生开始提高抽象的思维训练水平上发展他们的判断与推理能力的同时，直观形象思维的作用尚未减少，仍然起着重要作用。这一点尤其在语言的训练中显得非常重要。来自具体教学实践活动的经验仍然继续成为构建知识的重要手段和掌握知识的来源。因此，语言的学习材料的选取、分类和呈现，应当较多地体现直观形象性和易于接受性。

中学生兴趣广泛的特点使得他们更多地关注语言学习内容中新奇、有趣的事实或现象，及时捕捉不断变化中的新鲜语言现象和课本之外的表达模式。但同时也应注意到，学生不断增强的自我发展意识使他们对有挑战性的任务很感兴趣，又会受到自己直观经验不足的影响。因此，在新课程的改革中必须充分考虑到学生的实际生活背景和体验，同时增加相关的趣味性，又要加强实际场景的体验和分析，整理、分析语言的信息，感悟语言的变化，将学生置于探索者的位置，采用探究式的学习，亲身体验现有关知识的总结经历；随时让学生感到语言学习的趣味性和创新性，让他们在学习新的知识的同时又能体验到学习的成功乐趣，增强了信心，从而提高他们运用所学的知识解决实际交流交际场景所遇到问题的信心和能力。因此，要改变学生的英语学习方式，新课程的改革中强调的一定是研究与掌握学生的心理发展规律，在教学中采取适合学生的策略与模式，所承载的主题一定是学生自己，而不再是教师掌控课堂。

10. 什么是英语教学模式的开放性?

教学模式是实施课程所蕴含思想的载体。其中，英语教学模式的运用对于教学的效果至关重要。教学模式从广义上来讲是具备经过教学理论概括、赋予典型意义、能用图式表达、便于推广操作、具有开放性特征的教学范式，而在应用中开放性在课程改革中的地位日益凸显出来。

英语教学模式的开放性是指开放式学习更强调学生广泛接触外界的实际场景，积极调动自身能力更好地解决实际问题。开放性包容的方面很多，具体是指在语言教学的主导模式下应用多种教学方法，兼顾包容性、灵活性、互动性和总结性，包括小组活动的、分组讨论的、集体探究的、个人展示的以及辩论式场景激发和典型范例分析的多种教学模式，其目的是激发学生学习的热情和自主探究的意愿，从而让学生解放头脑，摆脱束缚，增加思维的自由度和灵活度，让学生自由表达自己，自由去探索所学知识，达到学习效益的最大化和灵活度的最大化。

同时，在英语教学新课程改革中，作为教学工作的承担者，为了更好地适应课程改革，教师要特别关注英语课程改革的基本趋势和新动向，密切注意课程的实施过程中学生的变化，根据实际的需要不断调整自己的教学目标和方法，这对于课程改革和发展的尝试性工作是极其重要的。

根据发展战略和纲要，在新课程标准下的英语课程表现出新的特点和趋向是：

英语课程目标——着眼使学生长久发展所必需的科学素养和知识储备。

英语课程内容——与学生生活密切相关及对学生终身发展有价值和引导性的内容。

英语学习方式——分组讨论、自主探索和合作交流。

英语学习评价——关注学生在学习过程中的变化与发展。

新课程标准与英语教师专业化发展

在现行教育改革的大潮中，很多优秀教师勇于创新、研究学生，不断尝试新的教学方法，不断探究教学方法的调整，深思教学改革的走向和发展趋势。相信每位教师都有着共同的追求目标，那便是如何将自己的课堂变得妙趣横生而又能取得满意的教学效果。因此，为了满足学生的不断增长的学习需要，赢得学生的喜爱和尊重，教师在教学过程中必须自始至终做到探究和思考。

1. 教师即研究者而非教书匠

新课程标准的理念更关注的是学生的个体发展。与此同时，教师应尊重学生的人格、培养学生的不同特点、关注学生个体差异，尽可能满足学生的不同需求，认真研究并且掌握学生的心理发展规律，寻找适合学生的教学策略与应对模式。因此，教师的教学过程与学生的各自特点相照应，包含了教师对学情的调查和研究过程及寻找应对方法的过程。

(1) 创设探究学习的外部环境与相应的场景气氛

在教学步骤的实践中，教师最具创造性的工作是在教学步骤中设计出能引导学生主动参与与探究的的外部教育环境。通过教师精心设计与预判的“英语交流场景”或相应的情景交流活动来激发学生学习热情，培养学生的学习能力，使每个学生在实际的交流中都能得到充分发展，都能有所收获和进步。下面是教师在实际的教学中所创设的探究学习的经典案例。

虚拟语气学习的本质——正话反说

在学生接触并且学习虚拟语气的时候总感到很吃力，尤其在相关的事实与虚拟相应的形式作出变化时觉得十分困难，因而容易出现一些抵触情绪。在课堂的讨论中，老师根据句子的中文含义来证实英语中虚拟语气的句子的表达模式实际上与中文中的正话反说或者反话正说是完全相同的。实际上是相同中文含义下的两种表达样式。例如：教师让学生自己创造学习的交际环境。在造句中要表达汤姆昨天没有没有去看成电影所以一直闷闷不乐。遇到这样的句子老师可以让学生把他倒过来说，变化成假如汤姆昨天去看成电影了他就高兴了。实际上，这两种表达方式的中文含义是一样的，实际上是把话反过来说而已，表达方式不相同甚至在肯否上相反（看电影与没有看电影），但是表达含义是一致的。老师在这个场景的创设中让学生领悟到什么是虚拟语气的真正本质，也减轻了学生对这项语法项目的恐惧程度，而又增加了学生的学习兴趣。

虚拟语气的学习是英语教学中的一个难点，一般都是通过记忆相应的句子变化的形式再表达相关的含义和内容。不论在教学中用哪种方法来铺述这项知识，虚拟语气的学习都是难点。学生的任务是通过大量的练习来理解和认识它的本质。在上述案例中，用正话反说来造句从而到达句子的含义相同，让学生明白的虚拟和事实的含义相同，形式相反，这是教师创造性的设计，把对相对复杂的语法知识的学习建立在实际交际的问题上，从而减轻了学生学习的压力。

如果用于探究的问题具有以下特点，会使英语的学习有较强的探究性：一是学生有兴趣和意愿去探究；二是学生有探究的空间和余地，学生会觉得探究具备很强的实际指导意义；三是学生有能力去探究，凭借他们的实际能力能够完成；四是对学生来说该问题有意义去探究，探究之后的结果对实际场景的学习有实际的指导意义。教师若要设计出具有探究性的问题，需要在日常的工作中做大量的教学研究，同时要有想法和预判性，敢于走在实验的前列。

（2）建立终身学习的目标，始终追踪在学科前沿

依据英语新课程标准的要求，教师在英语的实际教学中，要充分关注“语言的实际交际价值”和“场景对话对语言应用的作用”这两项内容，要提供给学生与实际交际场景实例相关的知识，这样就符合了英语教学中的应用性和开放性的特点，使教师设计和创造的自主发挥空间扩大了。教师只有将知识掌握的扎实和牢固才能把课上得精彩，才能让学生对相关知识理解得足够深、足够广，才可能在教学过程中对知识信手拈来、任意发挥，同时又做到张弛有序、井井有条。所有的教育工作者都知道“要给学生一杯水，自己要有一桶水”这句话，它实际要说教师专业发展需要终身学习，不能满足自己的现状，永远要跟上时代的发展，扩大视野，丰富知识，瞄准学科的最前沿知识，及时了解学科内外与教育发展的新进展新动向。下面是中学教师跟踪英语学科前沿的经典教学案例。

社会科学类阅读理解的教学

在英语的阅读课程的教学中教师会根据文章的实际体裁相应地调整教学方法和模式讲解不同的文章。一般来说，客观说明性的文章中，讨论概念的偷换是重点，快速浏览信息的文章如何跳读和略读是关键，社会调查性文章调查的话题和得出的结论是重点。而在这其中，学生觉得社会科学类文章是相对较难的文章。例如描述核心家庭的文章、代沟的问题、空巢现象或身体心灵感知的问题。由于社会科学类文章的生词量比较大而且所涉及的话题相对日常生活而言稍稍远一点，可以相对来讲是处于英语阅读教学中的前沿位置。那么在教学实施中，很自然地被教师和学生认为难度较大，在学习和教学上出现一些困难。

指导学生学习“社会科学类阅读”之前，教师需要搜集与此相关的常见话题及问题的相关资料。在用阅读的课型解决相关问题之前可以将相关

的问题先作讨论，目的是让学生了解一些这些话题的背景知识和相关知识，这对这种类型的阅读的提高很有帮助。

在实际的教学中，一定要把握住这类文章的主线和脉络，仅仅围绕作者要描述的问题的核心和要解决的问题出发，抓住作者对描述事物的褒贬色彩，分清作者描述文章的层次，同时，弄清作者的写作方式和写作手法（例如：文章话题的引入方式是首段给出排比式的提问引出话题呢？还是使用社科类阅读常见的让步+转折+作者观点引出讨论话题?），然后，观察作者阐述问题的手法和层次，将文章理清。

社科类阅读的延展是具有很大空间的，因为社科类的文章的话题是与时俱进的，是随着社会的不断进步不断涌现的，没有尽头。但可喜的是文章的脉络和作者的写作手法是相对单一和固定的，所以掌握常见的阅读方法和技巧，来研究这类阅读体裁的文章是具有事半功倍的效果的。同时，在具有前沿式的英语语言教学中结合相关的文章的背景知识也是具有显著效果的。对这种体裁文章的教学虽说是难点，但是未来趋势是，它是英语课程改革的重点和难点，也是英语新课程改革的未来发展趋势。新课程会朝着语言的实际应用的角度迈进，并且和文章的相对深度靠拢，这势必将成为英语新课程改革发展的新趋势。对于教师而言，抓住这个课程改革的特点，着手储备相关的知识，认真钻研教学方法，紧紧把握发展的动向和脉络，一定能跟上改革的脚步，并且取得相应的成绩。

所以，从这个角度来说，英语课程的实施是一个研究探索的过程，仔细、全面地研究学生特点并且跟上学生在新时期内的变化的特点、认真研究教材内容并且跟上教材的不断变化、读透课程标准并且紧摸其脉搏、理清语言教学的自身特质以及教学环境，对教师来说，是当务之急的问题，也是别无选择必须认真思考、负责任的解决的问题，也是今后研究的一个重要方向。

2. 教师研究学科的路径和采用的方法

在任何一个学科中，研究都是人类对未知事物的探寻的一种态度，是探索未知世界的渴求和欲望。人们对研究的理解大致可以分为狭义与广义两类。所谓狭义的研究就是把研究理解为某领域内的专业人员如科学家、教授或领军人物等，所从事的科研活动，是一种学术性研究，学术性极强，专业领域感明晰。但在我们的日常生活中，我们又会发现，我们经常所说的研究往往不是指学术性科学研究活动，而是指一般性的探究活动，尤其是教师每天所从事的研究工作就是非专业性的探究，但又具备自身的不同特点和特性。

中学教师的研究并非专家的科学研究，让非专业领域的人无所是从，觉得格格不入，同时，也不是完全靠具体的感性来感知，而是完全具备理性的思考和认识。对于教师来说，教学研究的核心和重点是能否根据学生的实际特点改进具体的教学实践，提高所教学生的素质，让学生在教学改革和探究中受益而不是改革的“牺牲品”。当下，中学教师普遍关注的问题是教师如何开展教学研究，怎样才能具有研究能力，实现从“传授型”向“研究型”的角色转变，这也是新课程改革重点要解决的问题。新课程指出：目前教师开展教学研究的主要路径有“自我反思”、“同伴互导”、“专家引领”。下面逐一论述，与老师们共同探讨教学研究的一般方法。

（1）自我反思是任何研究的基础，也是探究工作的必备素质

自我反思是在观察问题之后对问题的深度思考，考虑问题的内涵和问题的实际指导意义，它是解决问题的必备步骤，同时也是我们从实际问题的解决中能够所获取的精华的提炼。孔子曰：“吾日三省吾身”，苏霍姆林斯基说：“教育，首先是活生生的、寻根追底的、探究性的思考”。而自我反思追求的思考品质也正是有着这样的资质和积淀，探寻

问题的脉络，从问题的原点到问题的最终，寻根究底，认真领会并加以思考而不是浅尝辄止、囫囵吞枣；绝不满足于既定的结论，而是敢于对那些“习以为常”的道理提出质疑，甚至推翻而创立新的观点，并且为之找寻理论的依据。

在教学实践中，教师的自我反思通常的表现形式是教学回顾，经常以教学日志的方式进行自我反思，如：在单节课的处理上，自己在情境创设、问题设计、引起动机、话题引入、课堂组织、环节过渡、重点铺设、难点突破等方面处理得是否得当，是否有不足之处。教学日志的记录方式是原生态的反思模式，是帮助锁定问题，能够放大揭示问题意义细节的，是可以帮助教师联系与之相关的教学案例寻找漏洞，是教师积极主动的反思，也是教师以研究者的身份开始从事研究工作的开始。

在教学研究上还有别的方式的反思，例如他人比较形式的反思。在广义的定义上来看是指从不同的视角，发现并澄清自己的问题或优势。如果狭义上来讲教学日志的做法是为了积累自身的直接教学经验，从中获取直接的教学反馈，那么，他人比较是为了分析自己的片断经验，而批判反思则是立足于经验之上的理性加工。

在教学日志的整理中，面对一个教学事件或情境，批判反思不仅仅关注它的现象和过程，更强调它的根源和背景，关注它与别的哪些事件或情境有联系，联系的表现方式是什么，而且关注经验背后的规律性的东西的小结，并且可以上升至理论层面的感悟。例如在教学实践中的同构同课的观摩中，一般老师最可能关注的是这节课“教了什么”，“是怎么教的”，而专家教师更多考虑的则是“为什么这么教”，而对“怎么教”的关注才是教师向研究者的角色转变的重要标识。教师对“教了什么”的关注是教学的技术含量，是教学质量的体现，而“怎么教”则是关注教学反馈的理念支撑。下面是东西方节日的教学案例。

教授西方的常见节日

这节课的教学目标是使学生学习西方的常见节日，教学重点是让学生了解到西方的感恩节的由来、万圣节的庆祝的奇特方式和圣诞节的历史渊源。现在，对于西方的很多节日，学生都有感性认识，学生基本都了解了西方的常见节日的庆祝方式，而教师的教授重点则是节日所包含的文化的知识，让学生了解到相关的节日的背后蕴藏的文化积淀，让学生体味西方文化的精髓。老师要创设出相关的教学环境，引导学生在了解节日背后的文化的时候懂得文化的内涵和真谛。

同时，一个更重要的问题是在引导学生掌握西方的节日之后，应该将东方的节日和西方的节日作对比，比较两种不同文化内涵的差异，比较不同的历史由来，而这是这节课的重要教学反思，也是这节课引领我们去发掘的内涵。

由此可见，自我反思对教师教学研究和专业发展具有重要意义。美国学者波斯纳（G. J. Posner）于1989年提出了著名的教师成长公式：经验 + 反思 = 成长。所以，自我反思是自我成长的关键之一，是提升教师经验的桥梁，是对实际教学经验的总结，是锤炼思维的工具，是总结得出结论的必经过程，所以一个研究型的教师的角色转换成功必须先建立在他首先是一个有思想、懂得思考的老师。

（2）专家引领提高研究的针对性和有效性

众所周知，专家引领在教师教学研究、专业发展等方面具有上述中的自我反思所不能替代的作用，其直接指明了前进的方向，指出教师在教学实践中的不足，可以有效指出教师在教学实践环节中的思维上存在的漏洞，可以将复杂的问题简单化，可以将仅靠自我反思、同伴互导仍然不能解决的问题化解掉。当教师因某个问题不得其解而处于困惑时，专家可以根据个案给予启发、点拨，可以使教师的思维得到提升，这对于破解问题、消除困惑提供了巨大的帮助，这既节省了大量的时间，又可以少走很多弯路。同时，教师就实际教学实践与研究中出现的重大问题，需要专家提供思维方法的引领，以寻求问题方向性的、观念性的解决。下面是专家引领课堂分析案例。

分解课堂

要观察课堂，首先要分解课堂。我们一向熟悉的课堂，面对“分解”两字，顿时又陌生起来了。我们一直茫然地不知道脚要往哪个方向迈，是教授一次次指点，我们最终拿出拆分课堂的四种分解思路：

① 依据新课程理念，切分为师生关系、教学互动、主动探究、预设生成、回归生活、合作学习、信息技术与学科整合、多元评价等八个维度；

② 依据课堂教学的主体、客体的互动关系，切分为教师、学生、教学信息、教学媒体等四个维度；

③ 依据课堂教学的执行流程，切分为教学目标、教学重难点、教学方法、教学手段、教学过程、教学组织、教学评价等七个维度；

④ 以教学的基本范畴，切分为教学结构与教学组织、教学理念与教学要素、教学设计与教学操作、教学预设与教学生成、静态教学与动态教学等五个维度。

教授应邀来到学校，听完汇报，面对教师出现的困惑，不急不躁地说：“课堂是为了什么？教师的教为了什么？一句话，为了学生的学习，我们能否从影响学生课堂学习的因素有几类出发来思考课堂分解问题呢？”后来，我们知道，这叫原点思考。依据这种思考方式，我们将课堂教学分解为学生学习、教师教学、课堂性质、课堂文化四个维度。

这一刻，我们真切体悟到“科学就是使复杂的事情简单化”的内涵，才明白什么叫专家思维。

新的基础教育课程体系，以培养学生创新精神和实践能力为重点，这也是课程体系改革的重要着力点，而如何将理念落实到教学实践中才是教师必须冷静思考的问题。在新的课程教育体系中，教师需要参与专家引领下的教学研究、课题研究，以提高自身学科素养，同时教师必须努力提高自身的思维意识和角色转变，认真学习科学研究问题的方法，才有可能提高自身素养，培养出具有创新精神和自主研究能力的人才。

从传统意义上来讲，任何学科的研究都离不开基本的需要遵循的方

法，教师的教学研究也不例外。教师的教学研究也一定要遵循基本的教育科学研究理论和规范。一般来说，教师从事教学研究一般需要五个步骤：发现问题，分析与选择问题，制定研究计划，实施研究计划和收集数据，回答和解决问题。这五个步骤中，教师对问题的发现的敏感度各有不同，分析与选择问题的方法各有千秋，对于制定研究计划和实施研究计划的理解各有不同，那一定会造成教师的科研水平各有差异。其实，研究并非是高深莫测的，作为教师的你需要更多的是转变观念，是思维的转变。只有我们明白意识的转变是决定一切的根本才能逐步地从传统意义上的教书匠向研究型人才迈进，才能真正成为一个推动英语课程改革的实施者，而不是看客，能亲身参与其中，而最终自己的研究能力和教学能力势必得到巨大的提升。我们教师不能再有丝毫的懈怠，不走在教育课程改革的前沿就一定会被淘汰，我们应该虚心向大师请教。其实，生活中的大师比比皆是，我们可以参考科学前瞻性的书籍，我们也可以关注并且参与国家级的重大课题，这是一种生活态度，一种生活理念，为了自己的梦想而不懈奋斗的理念。让我们点燃智慧的灯火，朝着期望之光前行吧！

经典课例教学设计

初中一年级　Me, my parents and my friends

使用教材：外研社版（小学起点）初中一年级上册

Unit 1　I can speak English

设计思路

这节课是一堂听说课。通过听力进行语言输入，帮助学生总结出动词“can”表示“能够”时的用法，包括陈述句，一般疑问句以及答语。对教材的处理：针对对话听力，增加了一个听力练习——填表格，进一步考查学生对细节信息的提取。按照语言学习规律，运用情境导入——语言输入——语言聚焦——语言运用的学习程序来整体设计本节课。

在情景导入环节，利用师生之间的对话来帮助学生建立话题的概念，既引入了本节课的主题，又帮助学生激发他们头脑中有关体育方面的词汇。

在语言输入环节，通过听前的词汇准备，两个听力任务帮助学生听懂理解对话。两个听力任务都比较注重细节信息的提取。

在语言聚焦环节，通过两个听力活动，学生基本能够提炼出动词“can”表示“能够”时的用法和句型。最后对用法和句型做出总结并呈现。

在语言输出环节，首先都是半控制性的活动，基于听力材料，学生进行输出，运用can。然后，设计与学生生活联系紧密的活动，激发他们的热情，投入到活动中去运用新学到的句型。

教材分析

外研社版（小学起点）初中一年级上册第二模块——Me, my parents

and my friends。这一模块的话题是以朋友和父母为中心谈论他们所擅长的体育运动和从事的职业。语言功能：询问他人信息；谈论自己能做的事。语法知识：动词 can 表示“能力”的肯定、疑问与否定形式；this 与 these 的用法 。本模块安排 4 个课时完成，模块中的三个单元分三节课完成，第一节为听说课，第二节是读写课，第三节为语言运用课，第四节课为复习课。

第一单元——I can speak English 是一节听说课。核心词汇：主要是有关于运动的单词与词组，像 play basketball，play the piano，play table tennis，ride a bike 等。核心句型：Can you do sth.？Yes，I can. / No，I can't. I can do sth. I can't do sth. 复习到的内容：动词词组，像 play basketball，play football 等。因此本单元的主要目标是学会动词 can 表示“能力”的肯定、疑问与否定形式。

在学习过程中引导学生观察、分析、归纳、总结并输出有关邀请的句型和答语。指导学生以个人、两人组或者四人小组的活动方式通过听说活动最终让学生掌握有关邀请的句型和答语。

学情分析

初中一年级的学生活泼好动，喜欢丰富多彩的教学方式，喜欢合作学习，喜欢表现自己，接受能力强，但是学生的英语基础参差不齐。

这节课主要是复习巩固之前学过的有关运动的动词词组，动词 can 表示“能力”时的肯定、否定、疑问形式。但是还是有一部分同学对于词组和动词 can 表示“能力”的用法掌握得还不够熟练，不够准确。这节课可以进一步加强学生对这两个句型的理解和掌握。

教学目标

After this class，students can：

1. understand conversations about sports.
2. to ask and give information about what kind of sport one can do.
3. use “can” to introduce themselves or others.

教学内容

1. 话题：以家人朋友为中心谈论他们擅长的体育运动。
2. 词汇：1）掌握单词的认读：can, basketball, piano, table tennis, welcome, international.
   2）掌握下列短语的认读：
   play basketball, play football, play table tennis, play tennis, play the piano, ride a horse, ride a bike.
3. 主要句型：I can do sth. I can't do sth.
   Can you do …? Yes, I can. /No, I can't.
4. 功能：谈论自己或别人能够做的事。

教学过程

教学环节与时间安排	教与学的过程	设计意图
Lead-in 1min. （引入）	The teacher uses a question to lead in the topic—sports. （老师用一个问题引入这一单元的话题——体育。） – What kinds of sports can you do? – I can play basketball…	激发学生学习的兴趣，导入话题，并且让学生对有关体育的词汇进行准备。
Language input 15 min. （语言输入）	Step 1: Before listening 1. According to pictures on sports, students try to use phrases about sports.（根据有关运动的图片，学生尝试去用有关运动的词组去描述。） 2. Do activity one on the book.（write phrases according to pictures）（做书上的练习一，根据图片写词组。）	帮助学生为后面的阅读做语言的准备。 强化单词，尤其是书写方面。

3. Do translation exercises.（做翻译练习。）

打篮球 play basketball

踢足球 play football

打乒乓球 play table tennis

打网球 play tennis

弹钢琴 play <u>**the**</u> piano

骑自行车 ride <u>**a**</u> bike

骑马 ride <u>**a**</u> horse

进一步强化运动词组，同时提醒学生注意有无 the，a 等问题。

Step 2：While listening

1. listening task

Listen and check what Lingling can do.（听并选出玲玲能够干什么。）

Then，ask students to retell what Lingling can do and what she can't do.（然后让学生陈述玲玲能干什么，不能做什么，并且引出 but 的用法。）

Lingling can… but she can't…

2. listening task

1st listening

Listen and choose Yes or No

		Yes	No
Can Betty	play football?		
	play basketball?		
	speak English?		
	speak Chinese?		
Can Tony	play football?		
	play table tennis?		
	ride a bike?		
	swim?		
	speak English?		
	speak Chinese?		

这里有两个听力任务。第一个是简单地陈述玲玲能够做什么，不能够干什么。通过这个活动，学生们能够熟悉 can，can't，but 的用法。

第二个听力练习是听对话。第一次听，因为有前面第一个听力的铺垫，这次直接让学生理解细节信息。填完表格后直接用“can”进行提问回答。帮助学生复习总结 can 在一般疑问句中的用法。

<table>
<tr>
<td></td>
<td>After filling in the blanks, students will ask questions based on the table in pairs. (填完表格后，学生相互按照表格进行提问。)
– Can Betty play football?
– Yes, she can. /No, she can't.

2nd listening
Listen and fill in the blanks.
<table>
<tr><th>Name</th><th>Country</th><th>Age</th><th>can do</th><th>can't do</th></tr>
<tr><td>Betty</td><td></td><td></td><td></td><td></td></tr>
<tr><td>Tony</td><td></td><td></td><td></td><td></td></tr>
</table>
</td>
<td>第二次听，要求学生去关注对话的细节，并从中提取信息。</td>
</tr>
<tr>
<td>Language focus
10min.
（语言聚焦）</td>
<td>Step 1: Ask students to summarize the usage of "can" after listening. (让学生总结有关 can 的用法和句型。)

Step 2: step Present the usage of "can". (总结呈现有关邀请的句型及答语。)</td>
<td>学生通过听力输入，去体验归纳出 can 的用法和句型。</td>
</tr>
<tr>
<td>Language output
17min.
（语言输出）</td>
<td>Step 1: Introduce Betty and Tony based on the table
根据图表，让学生介绍 Betty 和 Tony. 介绍他们的年龄，来自哪个国家，能够干什么，不能够干什么。提醒学生注意 can 的用法。同时用 and 和 but 把句子连接好。
Her / his name is …
She / He is…
She / He can …
She / He can't …</td>
<td>通过语言输入和语言聚焦，学生在这一环节可以输出语言，可以用英语介绍人们能干什么了。</td>
</tr>
</table>

	Step 2：Do a survey in a group of four to find the most talented person in your group. （四人一组做调查，找出这一组最有能力的那位同学。） Before doing the survey, the teacher presents students an example. If the answer is "Yes, I can, and I can ride it very well. ", the students will get three stars. If the answer is "Yes, I can, but I can't ride it very well. ", the students will get one star. If the answer is "No", they will get none star. In the end, the most talented person will get the most stars. After the survey, they will report who is the most talented person and introduce him or her. （在做调查之前，老师先呈现一个例子，让学生仿照去做。如果学生回答"Yes, I can, and I can ride it very well. "，那么他会得到三个星星；如果回答"Yes, I can, but I can't ride it very well. "，他会得到一个星星；如果回答"No"，就没有星星。最有能力的那个人就会得到最多的星星。调查结束后，请每组有一名同学进行汇报。下面也有相应的例子。） An example： －Can you ride a horse? －Yes, I can, and I can ride it very well. Yes, I can, but I can't ride it very well. No, I can't. An example for report： …is the most talented in my group. She can play the piano and ride a bike very well. She can play table tennis and basketball. She can ride a horse and play tennis, but not very well.	首先是根据表格练习 can 和 but 的用法，同时也熟悉了对话。 接着安排了与实际生活相联系的活动，找出本组最有能力的同学，首先激发了学生的学习动机，再者学生运用了 can 的一般疑问句，练习了问句及答语。

<table>
<tr><td></td><td>
<table>
<tr><td></td><td>Name</td><td></td><td></td><td></td></tr>
<tr><td>Play basketball</td><td></td><td></td><td></td><td></td></tr>
<tr><td>Ride a horse</td><td></td><td></td><td></td><td></td></tr>
<tr><td>Ride a bike</td><td></td><td></td><td></td><td></td></tr>
<tr><td>Play tennis</td><td></td><td></td><td></td><td></td></tr>
<tr><td>Play table tennis</td><td></td><td></td><td></td><td></td></tr>
<tr><td>Play the piano</td><td></td><td></td><td></td><td></td></tr>
</table>
</td><td></td></tr>
<tr><td>An optional exercise</td><td>如果有时间，可以让学生做这两个练习。
一、请根据汉语句子补全下列英语句子。
1. 露茜会弹钢琴，但是不会打篮球。
Lucy can play the piano, ________ she ________ play basketball.
2. 你父亲会讲英语吗？
________ your father ________ English?
二、请将下列所给单词或词组组成一个完整的句子。
1. bike, Jenny, a, can, ride ____________
2. English, he, speak, can't ____________
3. dance, can't, Lucy and Lily ____________</td><td>考察学生对有关 can 的句型的掌握情况。</td></tr>
<tr><td>Summary
2min.
(总结)</td><td>让学生思考总结这节课学习了什么。</td><td>反思学习内容，体会收获。</td></tr>
<tr><td>Homework
1min.
(作业)</td><td>Homework:
1. 背诵课文。
2. 写短文介绍自己组里最有能力的同学。</td><td>复习巩固所学语言知识，落实到笔头。</td></tr>
</table>

板书设计

M2U1 I can speak English.

I/You/She/He/We/They can do sth. …but…

I/You/She/He/We/They can't do sth.

Can you do sth?

Yes, I can. / No, I can't.

课后反思

这节课是听说课，听对话是语言的输入，说是语言的输出。语言的输入和输出一致都是有关动词can表示“能力”时的句型。听之前先是语言方面的准备——有关体育方面的词组的复习。这节课的听力有两个任务构成——首先是一个简单的陈述，然后是一个稍微复杂的对话。第一个听力任务结束后，就有相应的输出活动，并且引出了but的用法。第二个听力任务之后，有两个听力练习，主要是提取细节信息，在语言输出部分，也就是说的部分，先从半控制性的活动逐渐过渡到与实际生活联系紧密的口语活动。这个过程为语言的输出一步步铺垫好，最后让学生有东西输出。这节课可以说是气氛活跃，轻松自然，内容充实。当然也有缺陷，就是环节有点复杂，不够清晰，可以将第一个听力任务删掉，直接进入到第二个，可以就第二个听力任务进行更加细致的练习活动。

初中一年级 Healthy Food

使用教材：外研社版（小学起点）初中一年级上册

Unit 1 Have you got any oranges?

设计思路

本节课为听说课。学生通过听对话，总结出 some 和 any 的用法，并且最终能自己运用所学的句型和词汇。整节课的总任务：能正确运用 Have you got any…? 和有关食品的词汇。对于教材的处理：课本中的 activity 4 不作处理。按照语言学习规律，本节课运用情境导入——语言输入——语言聚焦——语言运用——总结反思的学习程序。本节课的教学过程分为以下五个环节：

在情景导入环节，利用猜谜语的活动来帮助学生建立话题的概念，既引入了本节课的主题，又帮助学生去回想有关食品的词汇。

在语言输入环节，首先是听前词汇的准备，通过图片建立学生名词单复数的概念，可数与不可数的概念。两个听力活动帮助学生听懂理解有关食品的对话。首先通过一个简单的问题，让学生对对话有一个大体印象。然后通过填写表格来考察学生对对话细节的理解。

在语言聚焦环节，根据填写的表格，学生用已经学过的 have you got 句型进行提问，提问的过程中老师提醒学生注意 some 和 any 的用法。通过听力对话，和自己练习的对话，学生总结出 some 和 any 的用法。最后对 some 和 any 的用法有一个总结呈现。

在语言输出环节，首先让学生选择食品放在冰箱里，然后同伴间用句型 have you got any…? 进行提问，猜出对方冰箱里有什么。同时提醒学生注意 some，any 的用法。

在总结反思环节，通过问题的方式让学生总结反思这节课自己所学到的东西。

在教学过程中，学生们通过自己学习，同伴交流、合作，感知体验等方式逐步完成学习任务并感受成功。

教材分析

外研社版（小学起点）初中一年级上册第五模块——Healthy food。这一模块的话题是食品，让学生学会各种食品英文表达的同时学会健康饮食。这一模块的语言知识：词汇：20 个有关饮食的词汇。语法：have/has got，some 和 any 的用法，名词的单复数形式。本模块安排 4 个课时完成，模块中的三个单元分三节课完成，第一节为听说课，第二节是读写课，第三节为语言运用课，第四节课为复习课。

第一单元———Have you got any oranges？是一节听说课。核心词汇：主要是有关于食品的单词，像 orange，drink，fruit，vegetable，beef，carrot，chicken，juice，melon，milk，onion，pork，potato，tomato 等。核心句型：Have you got any oranges？Yes，I have got some. /No，I haven't got any. 复习到的内容：食品词汇的单复数和句型 have got。因此本单元的主要目标是学会有关食品名词的可数与不可数以及单复数问题，还有 some 和 any 的用法。

在学习过程中引导学生观察、分析、归纳、总结、输出名词单复数用法和 have you got any…。指导学生以个人、两人组活动方式通过听说活动最终让学生掌握名词的单复数和 have you got any…句型的用法。

学情分析

初中一年级的学生活泼好动，喜欢丰富多彩的教学方式，喜欢合作学习，喜欢表现自己，接受能力强，尤其是对食品这个话题，学生更是感兴趣。但是学生的英语基础参差不齐。因此在设计课程时需要层层铺垫，并且所有活动都要由简到难，尤其是输出活动——说与写方面，要求参与性要强，基础差的学生可以用最简单的语言来表达，但是基础好的学生可以进行拓展丰富。

本单元中有关食品的词汇在小学或是前面的模块中都有所涉及，学生们也都比较熟悉，但是对于这些名词的单复数，可数不可数，学生们还是有一定的困惑。本单元中的重要句型——Have you got any …？是上一模块重点讲解的，学生们很熟悉，但是对于 some 和 any 的用法，有些同学仍有一些困难，在这节课再进一步巩固。

教学目标

After this class, students can

1. understand conversations about food and drink.

2. use the sentence—Have you got any…? Yes, I have got some. /No, I haven't got any.

3. identify countable and uncountable words about food and drink and the singular and the plural from of these words.

教学内容

1. 话题：food and drink

2. 词汇：掌握单词的认读：healthy, orange, drink, fruit, vegetable, beef, carrot, chicken, juice, melon, milk, onion, pork, potato, tomato.

3. 主要句型：—Have you got any…?

—Yes, I have got some. /No, I haven't got any.

4. 主要语法点：可数名词，不可数名词，名词的单复数，以及 some 和 any 的用法。

教学过程

教学环节与时间安排	教与学的过程	设计意图
Lead - in 1min. (引入)	First, there is a guess game. Students guess what's in the fridge. So the guess game can help students arouse the words related with food and drink. At the same time, this game helps to lead in the topic—food and drink. (首先让学生猜猜冰箱里有什么。通过猜测，学生回想起有关食品的词汇，同时也引入了话题。)	激发学生学习的兴趣，帮助学生回想有关食品的词汇，并同时导入话题。
Language input 15 min. (语言输入)	Step 1: Before listening 1. The new words are presented with pictures about food and drinks. At the same time, countable and uncountable nouns are introduced. In addition, students review the singular and the plural form of nouns based on pictures. In the end, there is a category of words about food and drinks. (通过图片来帮助学生学习有关食品的词汇，并且渗透了名词的可数与不可数。另外，通过图片帮助学生复习名词的单复数形式。最后对食品的种类进行了总结。)	帮助学生为后面的听力做语言准备。并呈现了名词的单复数形式和可数与不可数性。
	2. Do activity 1—fill in the blanks according to pictures. (做课本上的练习1，用新学的单词根据图片填空。)	强化单词，尤其是书写方面。
	Step 2: While listening 3. 1st listening Listen and answer the question. "How many things have Betty and her mother got?" (听对话回答问题——贝蒂和妈妈有多少东西?)	第一次听，让学生首先对对话有一个大体的了解。

<table>
<tr>
<td></td>
<td>4. 2nd listening
Listen and fill in the table.（听对话填表格）
<table>
<tr><th></th><th>Yes</th><th>No</th></tr>
<tr><td>Juice</td><td></td><td></td></tr>
<tr><td>Milk</td><td></td><td></td></tr>
<tr><td>Carrot</td><td></td><td></td></tr>
<tr><td>Meat</td><td></td><td></td></tr>
<tr><td>Melon</td><td></td><td></td></tr>
<tr><td>Apple</td><td></td><td></td></tr>
</table>
</td>
<td>第二次听，要求学生去关注对话的细节，并从中提取信息。</td>
</tr>
<tr>
<td>Language focus
5min.
（语言聚焦）</td>
<td>Step 1：Ask and answer based on the table（根据表格提问）
—Have Betty and her mom got any …?
—Yes，they have some. / No，they haven't got any.
1. The teacher gives one or two examples of the questions and answers.（提问之前，老师先给出一到两个例子。）
2. Based on the examples，students ask questions and answer.（根据例子，学生开始练习。）
3. Before doing the task，the teacher asks students to pay attention to "some" and "any".（任务开始之前，老师提醒学生注意 some 和 any。）

Step 2：Summarize the use of "some" and "any"（总结 some 和 any 的用法）
Base on the previous exercise，ask students to summarize the use of "some" and "any".（根据前面的练习，让学生总结 some 和 any 的用法。）</td>
<td>通过听力语言输入，再通过提问的形式让学生不断体验语言，学生自己总结出 some 和 any 的用法。</td>
</tr>
</table>

Language output 17min. (语言输出)	Step 1: Students choose their favorite food to put into their own fridge. (学生挑选自己喜爱的食物放入冰箱中。) Step 2: Guess what is in your partner's fridge. (猜猜你同伴的冰箱里有什么。) Use the sentence "—Have you got any…? —Yes, I have got some…/No, I haven't got any…". (用句型"—Have you got any…? —Yes, I have got some…/No, I haven't got any…"提问。) Pay attention to "some" and "any". (注意 some 和 any 的用法。)	通过语言输入和语言聚焦，学生在这一环节可以输出语言，可以运用句型"Have you got any…"，正确运用 some 和 any.
An optional exercise (选择性练习)	Fill in the blanks 1. ____________ (香瓜) grow in Xinjiang. 2. Help yourself to some ____________ (西红柿). 3. Please give me a kilo of ____________ (猪肉). 4. There is ____________ (一个) onion in the bag. 5. The rabbits love to eat ____________ (胡萝卜). 6. We have got some ____________ (果汁). 7. Apples, pears are ____________ (水果). 8. Has he got a bottle of ____________ (牛奶)? 9. They haven't got ____________ (一些) beef. 10. He ____________ (喝) the water. Activity 2 on page 30 of the book. (练习 have got)	考察学生对名词的单复数和 Have you got any…? Yes, I have some./No, I haven't got any.
Summary 2min. (总结)	让学生思考总结这节课学习了什么。	反思学习内容，体会收获。
Homework 1min. (作业)	Homework: 1. 背诵课文。 2. 将课上做的对话写在作业上。	复习巩固所学语言知识，落实到笔头。

板书设计

Module 5 Unit 1

Drinks: water, milk, juice

Food { Fruit: apple, orange, melon, watermelon,
Meat: beef, pork, fish, chicken
Vegetables: tomato, potato, onion, carrot }

Have you got any…?

Yes, I have some…/ No, I haven't got any…

课后反思

这节课是听说课，"听"是语言的输入，"说"是语言的输出。语言的输入和输出一致都是句型—Have you got any…? —Yes, we have got some…/ No, we haven't got any…。这节课的导入部分能激起学生的兴趣，能帮助他们回想起以前学过的食品词汇。听力前的词汇部分通过图片展示食品，并将单复数形式加入其中。听力部分，由简到难。首先有一个大体的了解，再对细节进行考查。在语言输出部分，也就是"说"的部分，通过往冰箱放食品给学生制造一个信息差，让学生感兴趣，整个活动更有交流性。这个过程为语言的输出一步步铺垫好，最后让学生有东西输出。这节课可以说是环节紧凑、过渡自然、气氛活跃的一节课。当然也有缺陷，就是名词的单复数形式、可数与不可数等都需要进一步的练习。课堂上这部分只有输入了，学生没有相应的输出，我觉得如果有可能的话，应该在活动中加入这部分，让这一知识点落实到位。

初中一年级　Nice to meet you

使用教材：新标准英语（外研版）初中一年级上册

Unit 1　The first English lesson

设计理念

根据教材内容设计出的不同课堂活动任务（task）；根据设计出的不同任务给出相应的语境和词语提示，引导学生进行 pair work 和 group work 的训练活动；根据学生的兴趣爱好设计活动，在学中玩、在玩中学，让学生在用英语“做事”并解决问题的同时锻炼自己的口语交际能力；面向全体学生，为不同层次的学生提供展示自己才能的机会。

教材分析

第一模块以自我介绍为题材，十分符合学生的日常生活实际。刚刚升入中学的学生彼此还不是很熟悉，有必要进一步相互了解，并由此延伸，培养学生团结友爱的精神。教学中应结合学生生活实际情况，灵活掌握教学过程，组织教学内容，丰富学生知识，拓展学生视野。

教学目标

运用从教材中获取的有关介绍人物的词汇训练学生英语表达能力。通过自主学习，有效地合作交流等，学会用英语谈论有关自我介绍、团结友爱的话题。

培养学生说话时要尊重对方的习惯，让对方感觉舒服，借以培养良好的情感；参加各种英语活动，克服困难，在新环境中进一步树立准确的语言学习观；掌握英美国家在姓名表达上与中国在姓名表达上的不同；掌握在做自我介绍时英美人士与中国人的不同对答习惯。

教学内容

1. 本单元的词汇 Key vocabulary.

2. 掌握重要词组的用法，be from，… years old，Class one，stand up，sit down，做到对以上词汇能灵活运用。

3. 动词 be 一般现在时的陈述句和一般疑问句形式，灵活运用，提高综合运用能力；and 的句子的衔接功能；人称代词主格。

4. 如何使用地道的英语做自我介绍，礼貌地进行日常对话。

教学过程

教学步骤	教师活动	学生活动	活动目的
1. Warming –up： Task： Introduce oneself	Warming – up： (show your picture at first on the screen.) Teacher：Good morning！Boys and girls. Nice to meet you！First，I want to introduce myself to you. My Chinese name is He Kun. My English name is Collen. I'm an English teacher. You can call me Miss /Ms He. I'm 30 years old. I'm from Tianjin, China. I'm Chinese. I teach in Tianjin No. 25 Junior High School. You're my students. We are good friends now.	1）Students look at the screen and listening. 2）Students listen to the teacher and get ready to learn the new lesson. 3）The students enjoy the flash and do it with their partner.	利用学生熟悉和喜爱的方式创建愉快氛围；在给学生做好学习热身的同时，吸引了学生的注意力，同时通过 flash 让学生回忆学习过的词汇和句型；从学生的实际生活中引入新课，让学生感到亲切自然，培养他们使用地道的英语作自我介绍。

	(play a short flash: My name is …. I am a… . I'm …years old. I am from…) then ask, "What is it about? Can you do it with your partner?"		
2. Task: To understand conversations involving self – introduction. Improve the students' listening ability. 1) Listen and check (√) how many people speak. 2) Look at the picture. Which words can you use to describe it?	Activity 1 1) Ask the students to listen to a short dialogue and check how many people speak? The check with whole class. 2. Show a picture and ask what they can see in the picture, then ask them to use any of the words in the box in activity 2 to describe it. After that, check the answers with the the whole class.	1) Students listen to the short dialogue, then answer it. 2) Students look at the picture and describe it.	1) 通过刚才的介绍让学生快速回忆学过的词汇和句型，为下面的知识运用作准备。 2) 通过"图片与文字搭配"的活动让学生学习新单词复习已知词汇，这个活动从听和说两个方面把单词灌输给学生。 设计思路：由上一环节自然过渡到新课的学习，学生不知不觉中感知新知识；多媒体采用形象生动的图片，保持学习新知识的兴趣；本活动也是做单词储备，引入话题并培养利用图片联想词汇的习惯，为进一步的对话打下基础。

3. Listen and read:	Activity 3 (about reading) 1) Teacher: Play the recording and ask the students to listen and read the conversation. 2) Play the recording again and pause after each phrase, asking the students to repeat chorally and individually. (or ask students to make a similar conversation.)	1) Students listen and read the conversation. 2) Students listen again and repeat it. (or make a similar conversation.) eg. Talk as they do. (仿说) Mr Zhao: Hello. My name's Mr Zhao. I'm a teacher and I'm American. I'm from New York. What's your name? Where are you from? Mingming: My name's Mingming. I'm from Shanghai. I'm eleven years old and I'm Chinese. This is Xiao Hong. She's my friend. We're students. Xiao Hong: Hello. My name's Xiao Hong. I'm a student and I'm twelve years old. I'm from Xi'an. Mingming is my friend. What's your name?	1）通过教材，启发学生使用恰当礼貌的英语的概念与区分的方法。通过听说的训练，强化“自我介绍”的表达能力，为完成任务做好铺垫。 2）由学生们自己谈起，使学生通过课前的准备和一系列环节的训练，基本上形成了自我介绍的概念。 设计思路：通过对教材内容的整合，利用任务型教学法为学生渗透了英美国家在姓名表达上与中国在姓名表达的不同等中外文化的差异。本步骤设计的目的是让学生通过听力的练习，课文的理解和知识的运用，了解如何使用地道的英语作自我介绍、礼貌地进行日常对话。

		Xu Fang: My name's Xu Fang. I'm thirteen years old. I'm from Tianjin and I'm a student. I'm Chinese. I'm in Class Two. Mr Zhao: Nice to meet you, Xu Fang. Xu Fang: Nice to meet you, too.	
4. Listen and check (√) the true sentences.	Activity 4 1) Teacher: Explain by saying "This activity is designed to check if you have understood the main ideas of the activity. It's not necessary to learn every new word." 2) Teacher: Ask the students to listen and decide which sentences are true.	1) Students: listen and read the sentences by themselves. 2) Students: listen and check the true sentences.	设计思路：本活动是上一活动的延续，在上一活动的基础上让学生对教材内容进一步理解和判断。
5. Work in pairs. Ask and answer.	Activity 5 1) Now you will fall into pairs. Ask and answer the questions on page 3. A: What's your name? B: My name is …/ I'm …. A: Where are you from?	1) Students say the sentences with their partner. 2) Students act it out in paris.	设计整合教材 Activity 5 的内容，通过图片、口头练习等，运用任务型教学途径，围绕核心任务，开展和谐愉悦的课堂活动，让学生学会灵活运用。

	B：I'm from…. A：Nice to meet you. B：Nice to meet you，too. 2）The act it out in paris.		
6. 1）Listen and repeat. 2）Listen and repeat. Can you see these in your classroom? 3）Match the words with the pictures. 4）Game.	Activity 6 1. Teacher：1）Explain that this activity focuses on some English phonemes which are difficult to pronounce for speakers of Chinese. 2）Play the recording once without stopping. 3）Play it again and ask the students to repeat. 4）Practise the sounds in paris. 2. Teacher：Ask students to listen to part 7 and answer the teacher's questions. 3. Teacher：Match the words with the pictures in part 8. Then check it together.	1. Students：Listen，repeat and practice. 2. Students：Listen and answer questions.（Activity 7） 3. Students：match the words with the pictures（Activity 8） 4. Students：Work in groups and do the game"Now listen and do".	1）训练学生能听懂别人的自我介绍，能听懂包含自我介绍的简短对话，提高学生实际应用能力。 2）通过听、说等活动，学生可以使用恰当礼貌的英语去进行实际应用。 3）训练学生将图片与文字搭配的能力。 4）通过设计 Game 活动，让学生们共同合作，运用本节课的知识去解决实际生活问题，从而达到学有所用的目的。

	4. Teacher: Work in groups and do the game "Now listen and do". The teacher may say "Open your books", and the other students follow it. At last let's find out which team is the best.		设计思路：通过生活化的活动引导学生主动思维，巩固知识创新想象力。以小组讨论、合作学习等方式丰富相关的知识，注意对学生形成自主学习、有效交际、信息处理、英语思维能力的培养。
6. Consolidation& Sum up	Teacher: Ask students to do some exercises and check with the whole class. Then ask the students to sum up some useful sentences on self – introduction.	Students: do some exercises & sum up some useful sentences on self – introduction.	通过总结，对本节课的知识形成总体脉络。

作业布置

1. Read and learn the new words.

2 Act out the dialogue of activity 3.

3. Finish the exercises in Unit 1, Module 1 in Workbook (1 ~4).

板书设计

Module 1 Unit 1

What's your name? My name is…

Where are you from? I'm from…

Nice to meet you, … Nice to meet you, too.

课后反思

本节课结合教材重点、难点及英语本学科特点，利用了多媒体辅助教学，从视、听、说等方面对学生进行锻炼；在轻松愉快的氛围中温故而知新，以形象直观的教学方式、任务型的教学方法激活学生的学习兴趣；开展学生自主探究的活动，积极倡导学生提高主动参与、感知体验、自主合作、应用创新的能力；达到初步运用英语交际的能力，取得良好的教学效果。

初中一年级　An invitation to the cinema

使用教材：新标准英语（外研版）初中一年级上册

Unit 1　Would you like to go to the cinema?

设计思路

《英语课程标准》中强调英语课程从学生的学习兴趣、生活经验和认知水平出发，倡导体验、实践、参与、合作与交流的学习方式和任务型教学途径，从而发展学生的综合语言运用能力，使语言学习的过程成为学生形成积极的情感态度、主动思维和大胆实践、提高跨文化意识和形成自主学习能力的过程。因此，按照语言学习规律，运用情境导入——语言输入——语言聚焦——语言运用的学习程序来整体设计本节课。

在情景导入环节，利用师生之间的对话来帮助学生建立话题的概念，既引入了本节课的主题，又帮助学生在对话情景中去猜词义。

在语言输入环节，通过听前的词汇和文化常识准备，三个听中活动帮助学生听懂理解有关邀请的对话。首先通过判断正误，让学生对对话有一个大体印象。然后通过回答问题和填空来理解对话细节。

在语言聚焦环节，通过第三个听力活动——听对话填空，帮助学生观察、提炼如何邀请的对话和答语；再通过看有关邀请的视频，让学生找出更多的如何邀请的对话和答语；最后对有关邀请的句型和答语作出总结并呈现。

在语言输出环节，通过设计活动，帮助学生去输出有关邀请的句型和答语。首先是通过半控制性活动，学生可以练习句型和答语；然后是与实际生活联系的活动，让学生自主输出有关邀请的句型和答语；最后通过活动，让学生输出完整的对话，包括时间和地点。

教材分析

外研社版（小学起点）初中一年级上册第六模块——An Invitation to the cinema. 这一模块的话题是影视娱乐活动；体裁主要是娱乐活动广告；语言功能为邀请和建议；语法知识点涉及的是介词。本模块安排 4 个课时完成。模块中的三个单元分三节课完成：第一节为听说课；第二节是读写课；第三节为语言运用课；第四节课为复习课。

第一单元——Would you like to go to the cinema? 是一节听说课。核心词汇：主要是有关于影视娱乐的单词，像 film，star，football match，stadium，match，team 等。核心句型：Would you like to go to the cinema? 和 Let's go in the evening. 复习到的内容：动词词组，像 go to the football match，go to the cinema. 因此本单元的主要目标是学会如何用英语邀请人，以及如何回答邀请。

在学习过程中引导学生观察、分析、归纳、总结并输出有关邀请的句型和答语。指导学生以个人、两人组或者四人小组的活动方式通过听说活动最终让学生掌握有关邀请的句型和答语。

学情分析

初中一年级的学生活泼好动，喜欢丰富多彩的教学方式，喜欢合作学习，喜欢表现自己，接受能力强，但是学生的英语基础参差不齐。

在小学，学生已经学过了 would you like to 和 let's 这两个句型，为这节课扫除了一定的障碍，但是还有一部分同学对于这两个句型的用法掌握得还不够熟练、不够准确。这节课可以进一步加强学生对这两个句型的理解和掌握。同时前面第二个模块中学到的动词词组，例如，play football，play basketball，go swimming 等，也可以运用到这节课来。

教学目标

After this class, students can:

1. understand conversations about inviting someone to the cinema.
2. invite people to do something with different sentences.
3. answer other's invitation.
4. know the culture of invitation in English speaking countries.
5. know how to be polite when answering the invitation.

教学内容

1. 话题：Invitations
2. 词汇：1）掌握单词的认读：invitation, invite, film, cinema, star, team, match, stadium.

   2）掌握下列短语的认读：

   film star, a football match, in the morning, in the evening, in the afternoon, go to the cinema = see a film/movie.
3. 主要句型：– Would you like to…? / Let's do … / How about doing…?

   – I'd like to…? / That's a good idea. / Sorry, I can't. Thank you anyhow.
4. 功能：如何邀请别人，如何回答邀请。

教学过程

教学环节与时间安排	教与学的过程	设计意图
Lead – in 1min. (引入)	老师通过对话的形式引出第六模块第一单元的题目“Would you like to go to the cinema?”并且让学生猜出了第六模块题目中的生词“invitation”的意思。 对话如下： The teacher：“Would you like to go to the cinema with me today?” A student：“Yes，I'd like to.” The teacher：“Just now I invite … to go to the cinema. Can you guess the meaning of ‘invitation’?”	激发学生学习的兴趣，导入话题，并且让学生在语境中进行猜词。
Language input 15 min. (语言输入)	Step 1：Before listening 1. 通过图片和句子让学生去猜单词和词组的含义。(图片中有成龙和曼联队，并附有英文名字。) 例如：给出成龙的照片后，屏幕还会有两个问题—“Who is he?” and “What's his job?”，通过这两个问题，学生会猜出 film star 这个词组，同时学生也了解了成龙的英文名字，为后面的听力扫除障碍。	帮助学生为后面的阅读做语言和文化上的准备。
	2. 学生跟读单词并猜出单词和词组的具体含义。 3. 做课本上的第一题。根据图片写成相应的单词。	强化单词，尤其是书写方面。
	Step 2：While listening 1. 1st listening 听对话，判断正误。 首先让学生读句子，老师解释一些难懂的词句（斜体字），为听力做准备。学生听完判断句子对错，并且改正错误的句子。	听懂有关邀请的对话。让学生带着问题去听，并且问题应该由简到难。

	Ⅰ Listen and check the true sentences 1) Daming invites Tony to the cinema. ( ) 2) The film is on in the morning. ( ) 3) Tony asks Daming to go to a basketball match. ( ) 2. 2nd listening 听对话，回答问题。 首先学生读问题，老师提醒注意问题的关键词，例如“who, how many, when, what”，并且不断提醒学生用关键词来回答。 Ⅱ Listen and answer questions 1) Who's Daming's favourite film star? 2) How many people will go to the cinema? 3) When will they go to the football match? 4) What is Manchester United? 3. 3rd listening 听对话，填空。 听磁带时，老师会给停顿，给学生时间去写。听完后，让学生打开课本核对答案，并熟读课文。 Ⅲ Listen and fill in the blanks Daming: ______ ______ ______ ______ to the cinema ______ Betty and me? It's Jackie Chan, and he's my ______ ______ ______. Tony: ______ ______ ______! Let's go with Lingling, too. When is it? Daming: It's ______ ______ ______ and in the evening. Tony: ______ ______ in the evening. Would you like to go to a football match on Sunday? It's Manchester United, my favourite team. Daming: ______ ______ ______ ______.	第一次听，让学生首先对对话有一个大体的了解。 第二次听，要求学生去关注对话的细节，并从中提取信息。同时加强学生的学习策略——用关键词去回答问题。 第三次听，提取细节信息，更加熟悉文章。最为重要的是让学生通过填空明白如何邀请别人，如何回答邀请。

<table>
<tr>
<td>Language focus
10min.
（语言聚焦）</td>
<td>Step 1：提取邀请句型及答语。
通过三次听力，学生提取出邀请的句型和答语。
Step 2：看视频找出更多的邀请句型和答语。
通过看有关邀请的视频，让学生找出更多的邀请句型和更多的答语，例如如何拒绝别人的邀请？同时让学生感受如何有礼貌地接受或拒绝别人的邀请。
Step 3：总结呈现有关邀请的句型及答语。
先让学生总结再通过 PPT 呈现有关邀请的句型和答语。</td>
<td>学生通过听力和看视频——语言的输入，去体验、归纳出这节课的重点句型。同时培养学生的情感态度，如何做到有礼貌地回答别人的邀请。</td>
</tr>
<tr>
<td>Language output
17min.
（语言输出）</td>
<td>Step 1：通过图片练习有关邀请的句型及答语。
PPT 上呈现一些活动的图片，学生根据图片练习有关邀请的句型及答语。
Step 2：要求学生安排自己的周末活动，并要求自己的朋友一同参加。
学生根据自己的实际情况安排自己的周末生活，先填写周末计划表格，然后用所学到的句型去邀请自己的伙伴。做活动前，给学生提高例子，并提醒学生注意 Would you like to do…? Let's do…? 和 How about doing…? 这三个句型的用法。
Ⅳ Make your plan for Sunday
<table>
<tr><td>In the morning</td><td>In the afternoon</td><td>In the evening</td></tr>
<tr><td></td><td></td><td></td></tr>
</table>
An example：
– Lily, would you like to go shopping with me?
– Yes, I'd like to.</td>
<td>通过语言输入和语言聚焦，学生在这一环节可以输出语言，可以用英语邀请别人。

首先是半控制性的练习，帮助学生掌握好这三个句型。

接着是根据实际生活安排自己的周末生活，既能激发学生输出语言的积极性，又能练习句型。</td>
</tr>
</table>

	Step 3：邀请自己的外国朋友 Tony 游览北京。 外国朋友 Tony 来到北京，想了解北京的文化，你来邀请 Tony 去北京的一个有文化特色的地方，并定下时间和见面的地点。 PPT 上会有一些具有北京特色的景点的图片和介绍。 An example： – Tony, would you like to go to the Great Wall with me? It is very famous in China. – Yes, I'd like to. When is it? – Let's go on Sunday afternoon. OK? – That's a good idea. Where shall we meet? – We can meet at my home. – OK, see you on Sunday afternoon. – See you.	最后一个活动，既真实又具有交流性。激发学生的动机，同时也拓展了学生的能力。要求对话的完整性，加入了时间和地点，也为下一课时间和地点介词的讲解做了铺垫。
An optional exercise	如果有时间，可以让学生做这个练习，有关 Would you like to, let's, how about 的用法。 V Complete the invitations. Use would you like, let's, or how about. 1. ____________ to go to the football match? 2. ____________ go to a Taijiquan class. 3. ____________ staying at home. 4. ____________ to go to the cinema? It's Jackie Chan. 5. ____________ to watch TV? 6. ____________ playing basketball.	考察学生对邀请三个句型的掌握情况。
Summary 2min. （总结）	让学生思考总结这节课学习了什么。	反思学习内容，体会收获。
Homework 1min. （作业）	Homework： 1. 背诵课文。 2. 将课上做的对话写在作业上。	复习巩固所学语言知识，落实到笔头。

板书设计

Module 6　Unit 1 Would you like to go to the cinema?

Would you like to do …?	I'd like to. Thank you!
Let's do…	That's a good idea.
How about doing …?	All right. That's very nice of you.
	Sorry, I can't. Thank you anyhow.

课后反思

这节课是听说课，“听”是语言的输入，“说”是语言的输出。语言的输入和输出一致都是有关如何邀请的句型和答语。听力部分，可以说是层层铺垫、由简入难。先是听前的语言和文化准备、然后开始听对话，步步深入。通过填空自然地过渡到这节课的重点——有关邀请的句型。并且增加有关视频来拓展学生的知识。在语言输出部分，也就是“说”的部分，先从半控制性的活动逐渐过渡到与实际生活联系紧密的口语活动。这个过程为语言的输出一步步做好铺垫，最后让学生有东西输出。这节课可以说是环节很紧凑，过渡自然，气氛活跃。当然也有缺陷，就是课堂内容的落实还是不够，应该让学生多一些锻炼的机会，帮助学生走好每一步。还有就是听力问题设计得有点难度，学生听完就去写答案，难度有点大，应该设计符合学生水平的问题。

初中一年级　Healthy Food

使用教材：新标准英语（外研版）初中一年级上册

Unit 2　A Lesson in Good health

设计理念

根据教材内容设计出的不同课堂活动任务（task）；根据设计出的不同任务给出相应的语境和词语提示，引导学生进行 pair work 和 group work 的训练活动；给学生留出思维想象的空间，启发学生动脑思考（brain-storming），这样不仅有利于发展学生的求同思维（convergent thinking）、更有利于发展学生的求异思维（divergent thinking），就是发展学生的创新能力。

教材分析

第五模块的中心话题是健康食品，unit 2 是 unit 1 里面饮食话题的延续。在让学生学会各种食品如何用英文表达的同时学会健康饮食。十分符合学生的日常生活实际。教学中应结合学生生活中的实际情况，灵活掌握教学过程、组织教学内容、丰富学生知识、拓展学生视野。

教学目标

掌握本单元关于食品和饮料的一些词汇。掌握重要词语：but 和 and 的用法，并且能够灵活运用。

运用从阅读材料中获取的有关食品和饮料的词汇，训练学生英语表达能力。通过自主学习，有效合作交流等，学会用英语谈论有关食物的话题。

教学内容

1. 食品和饮品的词汇。

2. To write about healthy food with “but” and “and” .

3. 句型 What's your favorite food? My favorite food is….

4. be in good/bad health, be good/bad for, keep healthy, to be healthy, to be unhealthy 等短语。

教学过程

教学步骤	教师活动	学生活动	活动目的
1. Warming – up	Warming – up: Teacher: Good morning! Boys and girls. How are you today? This is the last lesson. Are you hungry? There are some delicious food and drinks in the bag. Would you like to have one? Let's guess “what's in it?” If your guess is right, you will have it. We all like food and drinks because we need it every day. We Chinese have an old saying: “民以食为天”。That's to say, “Food is the most important part of our lives.	1) Students guess the food and drinks in the bag. 2) Students listen to the teacher and get ready to learn the new lesson.	利用学生熟悉和喜爱的方式创设愉快氛围，在给学生做好学习热身的同时，吸引了学生的注意力，同时通过游戏让学生复习在 Unit 1 学习过的词汇和句型。从学生的实际生活中引入新课，让学生感到亲切自然，为培养他们的健康饮食概念打下基础。

	Caring about our food is caring about our health." Today let's learn Module 5 Unit 2: A lesson in good health.		
2. New words of food and drinks: healthy, favourite, noodles, candy, Coke-fish, hamburger, ice cream, rice, eat, drink	Activity 1, 2 (about vocabulary) 1) In this lesson, we'll do some activities in groups as usual. Put the stars on your color paper. We'll see who will win at last. Now let's do the first activity. Say their English names together first. Then say them again without pictures. "Who can say their English names, Whose group will have a star?" 2) We have different kinds of food and drinks every day. But do you know are they healthy? If something is good for health, it is healthy. If not, it is unhealthy. Do you think so?	1) Students have a competition about the food names. 2) Students label the pictures with the words on page 28. 3) Students check the answers.	1）通过刚才的游戏让学生快速回忆学过的单词，复习在 Unit 1 学习过的词汇和句型，为下面的知识运用作准备。 2）通过“图片与文字搭配，听音反应”这两个活动从听和读两个方面把单词输给学生，让学生学习新单词。 设计思路：由上一环节自然过渡到新课的学习，让学生不知不觉中感知新知识；多媒体采用形象生动的食物图片，保持学习新知识的兴趣。本活动也是做单词储备，引入话题并在词汇学习中介绍词汇分类记忆策略、培养学生学习策略，为进一步的对话和阅读打下基础。

3. 1) The passage on page29. 2) The meaning of healthy food and drinks. 3) Do activity 3 check the sentences true or false.	Activity 3 (about reading) 1) Teacher: What's the meaning of healthy food? Have you got any information? Please talk about this question in groups. 2) Please say what you know about the meaning of healthy food. 3) Let's read and listen to a short passage, and then say the sentences true or false. 4) Discuss with your partner: To be healthy… What should we eat or drink?	1) Students have a talk to change their opinion of healthy food and drinks. 2) Show the meaning of healthy food and drinks. 3) Read and listen to the passage about healthy and unhealthy food. And say the sentences true or false. 4) Discuss with their partners. Then tell their ideas to the others.	1)由学生们最喜爱的食物谈起,进而谈到健康食品。启发学生探讨健康食品的概念与区分的方法。(教师课前布置学生为这一问题的讨论进行了准备,可通过各种方法查阅相关的资料。) 2)学生通过课前的准备和课文的阅读,基本上形成了健康食品的概念。为下面的健康和非健康食品的区分做好了理论上的准备。 设计思路:通过对教材内容的整合,利用任务型教学法为学生渗透了健康的饮食文化。本步骤设计的目的是让学生通过听力练习,判断符合课文原意的理解和知识运用。通过阅读知道那些食品和饮料是健康的,通过讨论加深对健康食品的认识。

4. Speaking and writing.	1) Teacher: Work in pairs, talk about your answer: 1. What's your favourite food and drink? 2. Are they healthy food and drinks?	1) Students: Talk to their partners. Then say it to the whole class.	设计思路：本活动是上一活动的延续，在上一活动的基础上让学生说出自己喜欢的食品和饮料。
5. The usage of "but".	Activity 4 (about the usage of "but") 1) Let's distinguish the following healthy and unhealthy food. (The pictures of food and drinks are shown on the screen.) 2) ask students to join these sentences with " but " in Student's Book、Activity 5.	1) Students say the sentences with "but". eg. Fish is healthy but roast duck isn't healthy. Roast duck isn't healthy but fish is healthy. 2) Finish task: join these sentences with "but".	设计整合教材 Activity5 的内容，通过图片等，口头练习含有 but 的并列句，让学生学会运用 but。
6. Comprehensive utilization of "but" and the meaning of food and drinks.	Activity 5 (About using the knowledge of healthy food) 1) Let's do an activity in pairs. Please write your favorite food on the paper. Then judge whether your partner's food is healthy or not. Give some advice to them.	Task1: 1) Write their favourite food and drinks on the paper.	1) 通过第一个活动，学生可以使用健康食品的概念去进行实物判断，并建议别人食用健康食品。

	2) You've learned something about healthy food and drinks now. If you are nutritionists (营养师) now, make a food and drink list of three meals of a day for students. The food and drinks should be healthy. You may have a talk about it in groups first, then write your list on the paper. We'll show it to the whole class, and see which list is the best one.	2) Tell their partner's if the food or drinks are healthy or unhealthy. 3) Give some advice to their partners. Task2: Make a food and drinks list in groups. Discuss what food and drinks to be chosen, and then write on the color paper. Show them to the whole class.	2)通过设计"选择营养美味食品"的组合活动，让学生们共同合作，运用本节课的知识去解决实际生活问题，从而达到学有所用的目的。 设计思路：通过生活化的活动引导学生主动思维，巩固知识创新想象以小组讨论、合作学习等方式丰富了相关的知识，注意了饮食的健康。
7. Summary Healthy food and drink 5: rice, fish, fruit, vegetables, meat, fish, water, milk… Unhealthy food and drinks: Coke, hamburgers, candy, ice cream…	Summary: We've learned something about healthy food. Try to remember how to tell them in your life. Homework for students.	Homework: To tell your parents if your food and drinks are healthy.	通过总结，对本节课的知识形成总体印象。

作业布置

Finish the interrelated exercises Module 5, Unit 2 in Workbook。

板书设计

"Module" and "Unit" are always written in the middle on top of the blackboard.

The most important or complicated words and sentences of being confused each other or of making mistakes easily are written on the blackboard from left to right.

课后反思

本节课结合教材重点、难点及英语本学科特点，利用了多媒体辅助教学，从视、听、说等方面对学生进行锻炼；在轻松愉快的氛围中温故而知新，以形象直观的教学方式，启发式、任务型的教学方法激活学生的学习兴趣；开展学生自主探究的活动，积极倡导学生主动参与、感知体验、自主合作、应用创新。使学生能获得初步运用英语交际的能力，从而取得良好的教学效果。

初中一年级　复习课

使用教材：北京市21世纪教材九年义务教育教材（Book 12）

课题　完型填空　复习课

设计思路

遵循新课标的理念，面向全体学生，突出学习者的主体地位，尊重个体差异，增强学习兴趣，倡导体验参与合作和交流，注重过程评价，提高学生主体的跨文化意识，使学生形成自主学习的能力。

完型填空题是一种综合性比较强的测试题，它把单项填空和阅读理解等题型融为一体，它不仅考查学生对词汇、词组、语法、句型和常识逻辑等语言基础知识的掌握情况，也考查学生正确使用语法知识的能力等。本节课以“单选”为基础，学习完型填空的解题技巧和解题思路。

上下文意识和利用上下文意识获取信息不是一蹴而就的技能，需要长期训练。

教材分析

本节课是在初一英语（第12册）最后一单元讲。之前，学生做了一些阅读题和大量的单选题，但他们对完型填空短文的整体理解，上下文的段落衔接，情理分析及推理判断等的操作依然很弱。教师在教学中将淡化语言点和语法知识的简单传授，采用任务型教学法和小组合作探究学习法，从而扩大课堂的阅读输入量，在一定程度上提高学生的阅读能力、逻辑推理及分析归纳、综合判断能力。

完型填空是中考的重要内容，到了初三再去训练就有些晚了。我部分地区已有一些中高档学校已经从初一就开始训练学生完型中的上下文意识。

学情分析

学生在11册、12册学过阅读技巧，所学的词汇、句式知识，获取事实细节和概括大意的技能可迁移到本节课中来，有一定的阅读基础。但对完型填空还很陌生，他们认为完型填空很难，有的拿来题不看文章就把答案填上了。怎样引导他们读得下去，克服畏难情绪是问题的关键。完型填空和单选有关，我们就从他们喜欢的单选入手，使他们学会运用自己学过的词汇和语法知识妥善地处理好每个单句，理解语义，并且处理好单句之间以及单句与全文之间的内在关系。

虽然学生们主动学习的动力不够，然而他们学习比较认真，好胜心强，渴望在班集体里得到他人的承认，很在乎别人对他们的评价。部分学生的基础较好，能主动配合老师，愿意回答问题，他们有着爱表现自我的特点。因此，只有设置使他们感兴趣的活动，难易适中，因材施教，才能让他们投入到课堂活动中来。

教学目标

（一）知识目标

1. 认读

decide　follow　forget　change　check　feel　exciting　hungry　proud　get good grades　a surprise party

2. 认读过去式

ring　rang　wake　woke　give　gave　leave　left　see　saw　say　said　drive　drove　get　got

3. 通过一些单选题的复习训练以及完形片段练习和整篇练习，使学生了解上下文对单选解题和完形解题的支持作用，并记住上下文与待填短语存在的常见逻辑关系。

4. 从教师呈现的完形解题过程学生总结出解题步骤，并记忆解题步骤。

（二）能力目标

学生能按照完形题解题步骤、运用上下文基本解决所给的完形填空题。

（三）情感目标

通过帮助学生树立学习英语的信心，培养起他们的成就感，促使其养成良好的总结归纳习惯。

教学内容

1. 句子层次间的语义关系：单选。
2. 篇章层次间的意思关系：文段，二者皆指上下文。
3. 完形填空解题步骤与技能训练。

教学过程

教学环节与时间安排	教与学的过程	设计意图
Step 1 Lead-in （语言导入）	学习词汇和过去式 导入：一篇短文有若干缺失信息，每一缺失信息对应4个选项，根据全文大意选择最佳答案——完形。依据什么来选呢？让我们来回顾一下单选的情况。 一、句子层次： （一）让学生读全句，做选择，划依据 1. Mary is quite friendly, and we all ________ her. A. decide B. follow C. like D. hate 2. There ________ an action movie with Jackie Chan in it on TV. It was exciting. A. is B. was C. are D. can be 3. – Do you often take exercise, Cindy? – ________, ________. I don't like sports at all. A. Yes, always B. No, usually C. Yes, sometimes D. No, never	学习的词汇和过去式都是本节课要遇到的词和词组，目的是扫清生词障碍，降低难度，克服学生畏难情绪，激发他们学习知识的动机和兴趣。

Step 2	总结并板书 上文：因果关系。 下文：同时发生的事情时态要一致。 上下文：表达一致。	总结归纳，梳理思路。
Step 3	让学生做练习，说出原因。板书总结。 4. I feel ________ when I get good grades. A. hungry　B. hot　C. cold　D. proud 5. Don't turn on TV. Grandma ________. A. sleeps　B. slept　C. is sleeping　D. sleep 6. This book is very interesting. I cannot ________ reading it. A. stop　B. finish　C. like　D. keep	目的是让学生觉得通过上下文获取信息对解题的重要性。
Step 4	让学生将选项填入下文各题前的括号内，使信息合理匹配。 1. My parents like ________ A. music　B. English　C. sports　D. games T：由此看来，没有上下文，是无法补全缺失信息的！所以一定要读全句或全题，获取相关上下文信息，才能做出恰当选择，补全缺失信息。 (　　) 1. They often play computer games. (　　) 2. They read English newspapers every day. (　　) 3. They go to concerts on Sundays. (　　) 4. They play basketball every morning.	没有上下文，是无法补全缺失信息的！
Step 5	二、篇章层次： Teacher：前面我们回顾了如何做单选式的四选一，按照一定关系准则，从上下文找相关信息，确定选项。下面我们来看几句话组成的一小段中的缺失信息如何补全。方法和道理应该是一样的。 (片断 1)： Students：读片段 1，选择最佳答案，划依据。	单选过渡到文段，单选与完型填空有密切的关系。

	Early last Saturday morning, the doorbell rang (门铃响) my family woke up. My husband went to ______ the door and a few minutes later he came back with a large parcel in his hand. (　　) A. close　B. open　C. clean　D. look at 上下文：因果关系。	
Step 6	(片断2)： Students：读片段2，选择最佳答案，划依据。 Everyone knows that smoking is not good for health, but still more and more people begin smoking. Every year about millions of smokers die from __1__. Most of the smokers are men. But more and more __2__ also begin to smoke. (　　) 1. A. drinking　B. eating C. smoking　D. laughing (　　) 2. A. men　B. women C. children　D. people 总结：转折对应关系。	
Step 7	(片断3)： Students：读片段3，选择最佳答案，划依据。 Ms. Green didn't sleep well last night. After work she came home. __1__ were there. They gave her a surprise birthday party. She was __2__ about the party. When her friends left, she couldn't __3__. (　　) 1. A. Her friends　B. Her parents C. Her neighbors　D. Her students (　　) 2. A. sorry　B. happy C. excited　D. worried (　　) 3. A. forget it　B. believed it C. wake up　D. go to sleep	独立做完题后，小组活动。相互交流，彼此双方的意见达到最终一致而完成自己的任务。学生变被动为主动，变浅层次的参与为深层次的参与。通过交流发现问题，修正错误，得到提

	Teacher：小结 通读全文，找出主题句，理解大意；了解缺失信息（空点设在哪）；确定缺失信息与上、下文信息的关系；依据关系选择选项。	高。伙伴间融洽的气氛使相互间的纠错容易接受，避免了学生的畏惧心理。
Step 8	（第四篇）完整短文完形训练： Students：读完整短文，选择最佳答案，划依据。 One evening Mr. Green was driving his car in the country and looking for a small __1__. When he saw an old man on the side of the road, Mr. Green __2__ his car and said to the old man. “I want to go to the Sun Hotel. Do you know how to get there?” “Yes, of course.” the old man answered. “I will show you __3__. Please let me sit in your car. I can go with you and __4__ you where to turn.” He got into Mr. Green's car. They drove about twelve miles. When they came to __5__, the old man said: “Stop here.” Mr. Green stopped his car and said: “But this isn't a hotel.” “No,” the old man answered, “this is my house. Thank you very much for __6__ me home. And I'll tell you the way to the Sun Hotel right now. Turn around and go __7__ nine miles. Then you will see the hotel.” (　　) 1. A. restaurant　　B. hotel C. bank　　D. theater (　　) 2. A. changed　　B. parked C. checked　　D. stopped (　　) 3. A. the way　　B. the map C. the place　　D the route	一篇完整的文章，学生通过前面的铺垫，可以完整地读下去，有些题很简单，可以直接做出选择，有些题必须读完全文理解大意，才能找到答案。这一训练可以培养学生良好的做题习惯和解题技巧。

	(　　) 4. A. talk　B. tell C. say　D. speak (　　) 5. A. a small house　B. a large building C. a playground　D. a back street (　　) 6. A. driving　B. telling C. swimming　D. taking (　　) 7. A. along　B. on C. back　D. away	
Step 9	小结： 1. 通读全文，理解大意，找出主题句，了解缺失信息是什么、在哪里。 2. 依据上下文信息和因果关系，做出恰当选择。 3. 注意时态一致和表达一致。 4. 针对没把握的选项，复读相关上下文，确认合理选项。	
Step 10（作业）	练习（作业）读完整短文，选择最佳答案。 A man was travelling with a donkey and a mule（骡子）. Both animals were carrying goods on their __1__. The goods were not very __2__ and the two felt okay. But then they started to climb a __3__. The donkey felt worse and worse. He asked the mule to help him. __4__ the mule refused（拒绝）. After a while the donkey became so __5__ that he could not work anymore. He died. The man then had to put __6__ on the mule. The mule almost fell down under his heavy burden（负担）He said to himself："If I had __7__ the donkey when he asked, I would not be carrying so much now!" (　　) 1. A. sides　B. backs C. heads　D. shoulders	课堂小组活动延伸到课外，学生仍然可以互相合作完成该写作任务。该环节是本课所有教学环节的延续，通过一整篇文章的练习，使学生逐步学会完型填空的解题思路和解题方法，以培养他们读完整篇文章的信心。

	(　　) 2. A. heavy　　B. light C. large　　D. small (　　) 3. A. wall　　B. tree C. mountain　　D. beach (　　) 4. A. And　　B. So C. Or　　D. But (　　) 5. A. hot　　B. cold C. tired　　D. sleepy (　　) 6. A. the donkey's goods B. his own goods C. the donkey's body D. his and the donkey's goods (　　) 7. A. saved　　B. protected C. understood　　D. helped	

板书设计

完型填空

1. I feel ________ when I get good grades.

A. hungry　　B. hot　　C. cold　　D. proud

2. Don't turn on TV. Grandma ________ .

A. sleeps　　B. slept　　C. is sleeping　D. sleep

3. This book is very interesting. I cannot ________ reading it.

A. stop　　B. finish　　C. like　　D. keep

总结:

1. 上文：因果关系。

2. 下文：同时发生的事情时态要一致。

3. 上下文：表达一致。

4. 转折对应关系。

课后反思

本节课我通过不同梯度的任务设置，让学生从简单的单选过渡到完型填空，通过小组合作和探究来完成各个任务。不同的任务设置降低难度，激发了学生的学习兴趣，使得学生有兴趣往下看，增加了他们的自信。

从一开始用句子引入吸引学生，到阅读文段、反馈，他们是一个逐渐理解文段意思，到根据全文填空的过程；是一个不断总结，不断发现，不断归纳的过程；是一个让学生经历出错、探究、改错的过程。此外，老师还应该讲解得再细致再到位一些，让学生做一做笔记效果可能会更好。

初中二年级 Project Hope has built many schools

使用教材：新标准英语（外研版）初中二年级上册

Book 3 Module 4 Education

教材分析

本节课是 Book 3 第四模块的第二节课。本单元主要涉及到未来的希望及希望工程建小学来帮助失学儿童重返学校的主体话题。学生在本单元中就现在完成时态中 for 和 since 的用法加以学习和认知，并且结合实际的例子和场景及时练习，加深对此项基本知识的理解。此外，还要讨论 and，or 和 but 的基本用法。

在学习过程中引导学生观察、分析、归纳、总结并练习相关句型。指导学生以个人、两人组或者四人小组的活动方式依照各项练习的要求通过说、读、写的课堂活动方式使学生参与讨论和口头交流活动，最终共同完成任务。

学情分析

学生在本单元的上一课时学到了 how long have you studied English 等的相关话题，重点练习了现在完成时态中 since 的用法，将现在完成时态在相关的话题中的应用做出了讨论，并且初步了解到了本模块所涉及到的词汇和基础知识。本课时主要以几个贫困儿童为具体事例来谈到希望工程对于孩子的救助，指出孩子未来的希望是什么，同时点明希望工程对孩子的生活的重要影响。

学生已经就本课所涉及到的时态中的难点现在完成时态的基本使用有过较为深刻的认识，再进一步强化现在完成时态中的 for 和 since 使用中的误区和正确的概念及使用的不同特征。

学生在本节课的学习中所接触的重要词汇和重要句式应该加以场景给予训练，在实际场景中体会相关词汇和句子表达模式的应用为以后的进一步英语学习打下良好的认知基础。

教学目标

掌握本课词汇的发音、意义和初步口头使用能力，重要词汇掌握拼写；通过阅读对话进一步复习巩固现在完成时态的正确用法；熟练掌握现在完成时态与其他容易弄错的相关时态的差异。

能通过阅读顺利提取相关信息；能根据语境并结合上下文的信息推断出相关的词汇的含义；在正确理解现在完成时态上加以辨析现在完成时态和一般过去时态的差异，同时做写作的基础知识的铺垫，让学生对写作的框架和正确的训练方法有所了解。

通过本课的学习，再次呼吁人们对希望工程理解和重视，呼吁大家对那些辍学儿童给予关注。

教学内容

1. 话题：Project Hope has built many schools

2. 词汇

1）掌握单词的认读：drop out of the school，look after，get an education，with the help of Project Hope，electricity，同时掌握这些核心词汇的具体使用：

drop out of the school，也可以将这个短语的表达方式变为 drop out，可以先将词汇的基本含义解释一下，drop 和 fall 都是指物体直着下落，而与这两个词语使用的方向性有所差异的是 dive 的使用，dive 原本含义为潜泳。因此，在平时使用的体育运动的蹦极的词汇是 dive，绝对不是 fall 或者 drop。在这里的范畴指的是和教育相关，所以要求学生记住的是 drop out 的相关含义。

look after 表示照顾和照料，相当于平时学过的 take care of，在使用中要注意与 Look 相关的其他常见的短语，在使用要注意方向性的辨别和含义上发生的变化，例如，从方向性角度来谈 look up to sb. 向上看某人引申为敬仰，look down upon sb. 向下看某人引申为瞧不起，look forward to sth. 向前看引申为盼望，期望，look back upon 向后看引申为回首，注意这四个表示方向性引领的短语的介词匹配。

with the help of 在什么的帮助下 with 结构通常表示为伴随在句子谓语动词同时发生的东西，在句子的框架结构搭建的时候有着很不错的表达效果，例如：

Our teacher came into our classroom with a book in his hand. 老师手里拿着一本书走进教室内。

electricity 电，电能。在阅读中我们经常见到几个和 electricity 完形相近的词，而组成了形近的辨析，如：electric，electrical，electronic。其中，electric = of electricity 表示电的，带电的，使用 of electricity 表示的自身的属性，an electric fan 一台电扇；而 electrical = about electricity 表示与电相关的，电学的 an electrical book 一本电学图书。electronic 电子的，当下最为流行的话语之一为“e 族”，e 表示的就是 electronic，electronic calculator 电子计算器，而实际上 electronic 的来源并不是 electricity 电而是 electron 电子，这里容易出现理解上的错误。

2）掌握下列短语的认读：

hear of，pay for

hear of 表示听说或听到什么，hear from 表示收到某人的来信，在这里又一次将介词的匹配放在非常重要的位置上，下面举一个和 hear 没有关系的例子来进一步表示短语使用中介词的匹配的重要性。

We are familiar with this song. = This song is familiar to us. 我们熟悉这首歌。

This song is similar to that one. 这首歌和那首很相似。

This question is the same as that one. 这道题和那道题完全一样。

pay for 表示花钱支付或购买什么，这时注意介词 for 的使用。

He paid 5 yuan for a meal. 他花了 5 块钱买了一顿饭。for 接的是花销的

钱，而 for 接的是买的东西（可以理解为 for 表示目的，最终为了得到的东西）。

这时动词短语中的介词又起到了关键作用，又例如：

In that terrible earthquake, the local people suffered a lot from it.

在那次恐怖的地震中，当地的人们遭受了很大的痛苦。suffer 所接的是痛苦，而 from 接的是造成的原因，这时要小心所添加的名词的词义范围。

3. 主要句型：

It's important for him to work on their farm because there are seven people in Liu's family.

在这个句子中 It is adj. for sb. to do sth. 表示对于某人去做什么很具有形容词的特征，在这里有一点要说明：

It is important for him to work on their farm.

= It is important that he should work on their farm.

应该在这个句子的练习上多加入一层的同义变换，这样帮助学生更多了解这个句式的含义，但没有必要在这里解释 that 从句中的 should 的使用。

Because of Project Hope, thousands of children have better lives.

在这个句中句首的 because of 是引领句子的原因的成分，可以将它还原为整个从句，也可以使用同义替换。

Because there is Project Hope, thousands of children have better lives.

Due to Project Hope, thousands of children have better lives. （due to 的引入目的只是让学生多扩展自己的词汇量，表示的含义相同，为由于的含义。）

4. 语法：现在完成时态中的 for 和 since 使用中的误区和正确的概念及使用的不同特征。

教学过程

教学环节与时间安排	教与学的过程	设计意图
Lead – in 2min. （引入）	教师通过实际场景的比较（比较教室内的学生的学习条件和展示报纸上的贫苦山区的孩子学习的条件和环境）来引入话题： 具体操作： 1. 教师通过提问设置语境，播放视频材料，引入话题： 1）What do you think the conditions of teaching in those areas are like？ 2）How do you feel when watching this scene? 2. 根据视频材料采取师生问答的形式，引入本课重要话题：希望工程，同时，可以邀请同学来谈论他们自己对希望工程的了解，激发学生热情。	展示本课话题，激发学生学习兴趣。 引领学生作出相关的讨论。
Language input 20 min. （语言引入）	Step 1：Understand the passage.（6'） 一、Listen to the passage.（6'） 1. Understand the meaning to the given words in the yellow words. 1）Ask students to read the words in the yellow box. Q1：可以通过描述介绍希望小学的新的图片来用已经讲过的词汇造句。 Q2：可以用听写的方式将讲过的词汇应用于场景之中。 2）可以选用给的给定单词中的几个词汇串联成场景复现含义。 3）Read the words altogether.	学生小组内完成该练习，通过阅读来熟悉生词，并为掌握段落大意做准备。

	2. Fill in the blanks with the given words.（7’） 1）使用PPT的方式将文章的核心句子设空，让学生在听文章的时候不看书直接看PPT，或者可以先听一遍了解大意，然后完成所缺的空，既锻炼听力又练习核心词汇。 2）Check the answers：ask one student from each group to write down their answers on the blackboard. 3）Ask one representative from each group to explain one of the answers：some clues to each answer. 4）Summary：让学生再根据所填的空作文章核心段落的回顾，为文章的全篇学习做铺垫。 3. Listen to the tape again and try to review the key sentences and the key words. 二、Get some information from the dialogue.（6’） 1. Get main topic of the dialogue： 1）Ask a question：review the ways to grasp the main idea of a paragraph.	学生阅读对话，并根据各种解题技巧处理相关知识。
	Q：Where can we usually find the topic sentence in a passage? —In the first paragraph. 2）Ask students to finish the question above the passage. 注意利用文章上指引的句子来引出文章的核心主旨 Q1：What is the main topic in this passage? Q2：What are the main achievements of Project Hope? （Ask some good students to present their reasons.） 2. Do True or False and correct the mistakes in the wrong sentences.	检查学生能否正确提取信息，并结合学生对文章的篇章结构的理解。

	自行设计题目复现文章中所提到的信息，同时让学生用英语完成城市孩子的学习环境和乡村孩子学习环境的差异对比，练习学生提取重要信息并且比较信息的能力 三、Summarize the key points in above sentences.（3'） 最后复现文章中出现的与现在完成时态相关的句子，将文章的核心语法内容作以讨论。 His parents have been ill and he has to look after them. In the last 15 years, this project has raised money and paid for the education of 2.5 million poor students in the countryside. Most people in China have heard of Project Hope and have given money. 实际上，现在完成时态的决定性时间状语很少，只有三大类：since + 过去时间点的动词；in the past + 一段时间、during the last + 一段时间或者 over the past + 一段时间、by now = up to now = till now. 其中，同学往往容易弄错的是 for 加上一段时间并不决定现在完成时态，因为 for 加上一段时间可以出现在任何时态的句子之中，例如： That little boy stayed in Bijing for 2 days. That little boy has stayed here for 2 weeks. This little boy will stay there for 2 years. 只要 for 加上一段时间和表示延续性的动词在一起连用就可以，它和具体的时态不构成必然的联系。 而 since 在使用上要注意 since 后面所添加的动词的 ed 形式中的动词表示的是延续还是瞬间动词。 It is 2 years since he worked here. 他已经有 2 年没有在这里工作了。	学生互相问答，掌握并且复习句子中出现的核心词汇，并处理相关短语和句子表达模式。

	It is 2 years since he smoked. 他已经戒烟2年了。 It is 2 years since he began to work here. 他在这里工作已经2年时间了。 It is 2 years since he began to smoke. 他已经抽烟2年时间了。 在前两句中 worked 和 smoked 均为可以发生一段时间的延续性动词，表示的均为动作的结束点。但是，第三句话和第四句话中添加了ed形式的动词为瞬间动词 began，那么真正发生2年时间的动作是 began 后面的动作，这点容易出错。 Step 2：分不同段落让学生总结不同段落的主题句，寻找主题句的位置和主题句与段落之间的关系。(5') 一、先引领学生完成每个自然段的主题句的总结，同时，请同学讲段落的主题句翻译为中文。 二、将段落的主题句的核心词汇和句子表达模式讲明白，让学生根据主题句复现段落的主要内容，从相反的角度做适应性训练。 三、根据所有主题句将文章复述（难度较大，可以分段落分步骤有选择的进行）。 四、让学生根据所学的知识谈论感想。 五、让学生根据文章的脉络领取主题作仿写（难度较大，可以给出主题和相关的词汇或句式帮助学生完成），让学生自己体验文章篇章结构的重要意义和构建的方法。	做发散式的思维训练。
Language focus 10min. （语言聚焦）	Step 1：Understand the part of writing.（8'） 一、先将课本中的句子给出 Project Hope has built schools and trained teachers. Project Hope hasn't built factories or trained teachers. Project Hope has built schools but hasn't built hospitals.	语言聚焦，理解核心语言现象的使用。

	这三个句子中连接前后两个部分的连词各有不同，表示的逻辑关系不相同，and 表示前后两个部分并列或者递进，but 表示前后两个部分的关系为转折，而 or 表示或者（前后两者挑选其一）或者“否则”的含义，例如： Hurry up or we will be late for school. 快点，否则我们上学会迟到。 Hurry up and we can catch the early bus. 快点，我们才能赶上早班车。 He hurried to catch that bus but he failed. 他急匆匆赶车但是失败了。 解释这些句子前后两句话的逻辑关系来说明 and，but 和 or 的具体使用。 二、请同学自己造句，但规定相关的场景。 三、请同学讲文章中的含有 and，but，or 的句子再回顾一遍，小组练习，两人一组，进行练习。	学生进一步复习被动语态的实际意义特点。
	Step 2：Ask students to analyze the sentences.（2'） 1. 做知识的延展，PPT 给出课外的较复杂的难句，但注意使用场景和文章尽量相同，让学生来分析句子的结构和完成相互的转化。 2. 利用含有 and 的多个句子或一组句子完成一个小场景的对话。 3. 利用 but 或者 or 的句子完成一篇短文，体悟句子之间的相互逻辑关系的使用，但场景尽量保持和文章相同。	可以给出 or 的更多句子做相关练习，因为学生对 or 不太熟悉。
	Step 3：Review the importance of the “and”，“but”，“or”. 强调相对的逻辑关系的判断和理解。	

Language drills 10min.（语言句型）	Step 1：将文章中出现的重点难点句子重新回顾一遍。 1. His parents have been ill and he has to look after them. 2. In the last 15 years, this project has raised money and paid for the education of 2. 5 million poor students in the countryside. 3. Most people in China have heard of Project Hope and have given money. 4. Most people in China have heard of Project Hope and have given money. 5. Because of Project Hope, thousands of children have better lives. 6. Perhaps we should all ask：What can we do for Project Hope? How can we help? Step 2：完成课文后面的问答 P21 再次回顾文章内容，就问题中的重点句式作以回顾，例如： What have people in our country done to help those children to get education? What will he be encouraged to do in the future?	学生通过小组活动的方式，运用本单元所学语言知识并结合 PPT 中所给出的课文核心句子，共同完成文章的整体回顾，同时可以让学生设定场景结合一开始所观看的视频材料，让学生自己陈述语言练习所学内容，对课文重点内容进行完整回顾。
Summary 2min.（总结）	今天我们进一步探讨现在完成时态的时间状语的使用的误区，同时结合整体片中那个结构的脉络整体和寻找文章主线和主题句的训练，同时，结合写作的训练，强化了文章的最基础的句子中的逻辑关系的判断方法，最后，在回顾文章核心句子的同时加深对文章的整体理解。希望大家今后在英语学习中能正确使用它们，进而提高自己的整体英语水平。	

作业布置

1. 朗读课文。
2. 抄写词汇和句型。

板书设计

主要是在制作 PPT 中的版式设计和视频声音材料的穿插和材料安排。

课后反思

本节课采用了《英语课程标准》中所倡导的以学生为中心的自主学习原则，充分调动学生的思维，使用两人间、四人小组间等多种形式引导他们去观察、归纳和总结文章的重要篇章和核心句子。通过本次活动，使学生在教师创设的情景中接触具体的语言现象，自己总结出相关的语法规则。特别是在回顾文章的同时加强了写作的训练，进一步增强了写作的训练意识，通过探究与归纳总结再次强化语言的知识点，进一步激发学生兴趣和调节课堂气氛。同时，在关键语法点的讲解与归纳时，使用了中文和英语相结合的方式，这样学生不会在语法的理解中存在偏差。但在文章的篇章训练和写作训练时尽量使用英文，这样才能让学生的全方面的能力得到训练。

初中二年级

When's the best time to visit your town or country?

使用教材：新标准英语（外研版）初中二年级上册

Book 3 module 11 the weather

教材分析

本节课是 Book 3 第十一模块的第二节课。本单元主要涉及到对天气的介绍和描述自己家乡或国家的自然概况。学生在本单元中就情态动词表示推测的使用加以学习和认知，并且结合实际的例子和场景可以练习，加深对此项基本知识的理解，同时进一步在写作上练习对事物的客观性描述。

在学习过程中引导学生观察、分析、归纳、总结并练习相关句型。指导学生以个人、两人组或者四人小组的活动方式依照各项练习的要求通过说、读、写的课堂活动方式使学生参与讨论和口头交流活动，最终共同完成任务。

学情分析

学生在本单元的上一课时学到了使用情态动词表示推测的使用和对天气的相关性论述的相关话题，重点练习了对不同天气状况的表达，并且就不同的场景进行了讨论，初步了解到了本模块所涉及到的词汇和基础知识。本课时主要以参观访问自己的家乡或国家为主要话题，谈到家乡或者国家的具体描述的方法和不同地域或不同季节的相互比较的方法，同时，点明引入不同国家的特点及相关的文化层面的话题和内容。该篇文章丰富多彩，对孩子的生活有着重要影响和意义。

学生已经就本课所涉及到的情态动词的推测使用中的难点的基本使用

有过较为深刻的认识，再通过进一步强化 must，may 和 might 表示推测的使用区别和共同点，来甄别使用中的误区和正确的概念及使用的不同特征。

学生在本节课的学习中所接触的重要词汇和重要句式应该结合场景进行训练，在实际场景中体会相关词汇和句子表达模式的应用为以后的进一步英语学习打下良好的认知基础。

教学目标

掌握本课词汇的发音、意义和初步口头使用能力，重要词汇掌握拼写；通过阅读对话进一步复习巩固情态动词的正确用法；熟练掌握推测的语气及相关形式的表达和使用技巧。

能通过阅读顺利提取相关信息；能根据语境并结合上下文的信息推断出相关的词汇的含义；在正确理解推测的内涵和使用目的，同时做写作的一般知识的铺垫，让学生对写作的框架和正确的训练方法有所了解。

通过本课的学习，期望学生在多了解不同地域的外在特征之后也应关注文化的差异和人文的浓重色彩。

教学内容

1. 话题：When's the best time to visit your town or country?

2. 词汇：

1）掌握单词的认读：all year，freezing，storm，compare

并且掌握这些核心词汇的具体使用：

all year 相当于 all year long，表示全年都如此，long 可以被省略掉，freezing 表示冰冻的，结冰的，这时可以和 burning 做成一对反义词，记忆形容词的时候一般先用褒贬色彩再用同反义词的方式，例如 It is freezing cold today. 天津真冷啊。

对比：It is burning hot today. 天津太阳炙烤着大地。

storm 作为名词来使用的时间表示风暴，暴风雨可以表达为 a rainstorm。A rainstorm is around the corner. 一场暴风雨即将来临。在这个句子中 around the corner 表示的并不是在街道的拐角处而表示即将来临，相当于

coming。

compare 这个词在使用中可以有 compare A with B，也可以出现 compare A to B 这两种补充的表达方式，但是含义差别很大。

compare A with B 中的 A 和 B 必须是同类事物，表示同类事物的相比较，但是 compare A to B 中的 A 和 B 一般为非同类事物，表示非同类事物做比喻，例如：

If you compare this book with that one, you will find this one is much better.

Our children are always compared to the flowers of our country.

我们的孩子通常被比作祖国的花朵。

2）掌握下列短语的认读：

from time to time 表示经常做什么，相当于学生通常使用的 sometimes，也可以使用 at times 做替换。要着重注意的是一组和 time 相关的短语之间的差异和区别，例如：in time 及时（在这里可以适当将其扩展为迟早，或早或晚）If you work like this, you will break down in time. 如果你找这样工作下去的话，你的健康迟早会垮掉的。on time 准时，按时 at no time = never，表示在任何情况下都不，in no time 表示立即，马上。（注意和 at no time 的辨析和区别），at a time 表示一次，例如 You should take this medicine 3 pills at a time. 你在服用这种药的时间一次 3 丸。at one time 表示曾经，一定用语一般过去时态的句子中，He was fond of music at one time.

他曾经一度非常喜欢音乐。

3. 主要句型：

New York and Washingtong DC are good places to visit in May or October.

在这个句子中 to visit 表示是 places 的限定，含义为可以访问的地方。

I have so much work to do tonight.

但是，在这里强调的是有的孩子提问 to visit 和 places 是被动的关系，应该使用 places to be visited 一样，to do 和 much work 是被动的关系，应该使用 much work to be done。这样理解是错误的。在使用 to do 放在名词后面对名词起到修饰或限定作用的时候，一般采用“一拖二”的方式，即句子的真正主语是动词不定式的发出者。

I have so much work to do tonight. 表明我有工作我来做。

4. 语法：情态动词的推测使用中 must，may 和 might 表示推测的使用区别和共同点。

教学过程

教学环节与时间安排	教与学的过程	设计意图
Lead – in 2min. （引入）	教师通过图片来引入家乡的介绍话题（最好是家长的不同层面的图片展示或者不同角度、不同季节的分层阐述，这样更显得灵活多样）： 具体操作： 1. 教师通过提问设置语境，展示图片，引入话题： 1） What do you think the most beautiful of our hometown is ? 2） Why? 3）这时在小组讨论中还可以适当加入我的家乡和别的城市的相互比较的介绍，通过对比可以更加直观的感受到介绍的层面不同。 2. 根据语言介绍采取师生问答的形式，引入本课重要话题：我的家乡的介绍。同时，可以邀请同学来谈论他们自己对天津的了解和看法，激发学生热情。	展示本课话题，激发学生学习兴趣。 引领学生作出相关的讨论。
Language input 20 min. （语言引入）	Step 1：Understand the passage.（6'） 一、Listen to the passage.（6'） 1. Understand the meaning to the given words in the yellow words. 1） Ask students to read the words in the yellow box. Q1：可以通过描述天津的四个季节的不同景象来描述图片，来进一步复习已经讲过的词汇。 Q2：可以用听写的方式将讲过的词汇应用于场景之中。	学生小组内完成该练习，通过阅读来熟悉生词，并为掌握段落大意做准备。

	2）可以选用给定单词中的几个词汇串联成场景复现含义。 3）Read the words altogether.	
	2. Fill in the blanks with the given words.（7’） 1）使用PPT的方式将文章的核心句子设空，让学生在听文章的时候不看书直接看PPT，或者可以先听一遍了解大意，然后完成所缺的空，既锻炼听力又练习核心词汇。 2）Check the answers：ask one student from each group to write down their answers on the blackboard. 3）Ask one representative from each group to explain one of the answers：some clues to each answer. 4）Summary：让学生再根据所填的空作文章核心段落的回顾，为文章的全篇学习做铺垫。 3. Listen to the tape again and try to review the key sentences and the key words. 二、Get some information from the dialogue.（6’） 1. Get main topic of the dialogue： 1）Ask a question：review the ways to grasp the main idea of a paragraph.	学生阅读对话，并根据各种解题技巧处理相关知识。
	Q：Where can we usually find the topic sentence in a passage? —In the first paragraph. 2）Ask students to finish the question above the passage. 注意利用文章上指引的句子来引出文章的核心主旨。 Q1：What is the main features（特征，特点）of the USA? Q2：What are the differences between the USA and our country China? (Ask some good students to present their reasons.)	检查学生能否正确提取信息，并结合学生对文章的篇章结构的理解。

	2. Do True or False and correct the mistakes in the wrong sentences. 自行设计题目复现文章中所提到的信息，同时让学生用英语完成美国四个季节不同地方的描述介绍，练习学生提取重要信息并且比较信息的能力。 三、Summarize the key points in above sentences.（3'） 最后复现文章中出现的与情态动词表示推测相关的句子，将文章的核心语法内容作以讨论。 Bring a good map because you may want to travel around. It is a good idea to bring your camera because you may want to take photos of the autumn leaves. Bring your swimsuit because you might want to swim in the sea. 情态动词表示推测时实则是和说活人密切相关： Tom must be watching TV at home now. = I am sure that Tom is watching TV at home now. must 表示我绝对有把握。 而 Tom may be doing his homework now. = I am not quite sure that Tom is doing his homework now. Tom might be at home now. = I am not sure Tom is at home now. must，may 和 might 均表示说话人的语气，但是语气的强弱是逐渐减弱。在这里要强调一点，情态动词如果接的动作是发生在过去时间范畴，应当使用 must have done，而不是 must do，也就是说 have done 指与动词的发生时间范畴相关（主要观察句子的时间状语），与情态动词自身的使用无关。 Step 2：分不同段落让学生总结不同段落的主题句，寻找主题句的位置和主题句与段落之间的关系。（5'）	学生互相问答，掌握并且复习句子中出现的核心词汇，并处理相关短语和句子表达模式。 做发散式的思维训练。

	四、先引领学生完成每个自然段的主题句的总结，同时，请同学将段落的主题句翻译为中文。 五、将段落的主题句的核心词汇和句子表达模式讲明白，让学生根据主题句复现段落的主要内容，从相反的角度做适应性训练。 六、根据所有主题句将文章复述（难度较大，可以分段落分步骤有选择地进行）。 七、让学生根据所学的知识谈论感想。 八、让学生根据文章的脉络领取主题作仿写（难度较大，可以给出主题和相关的词汇或句式帮助学生完成），让学生自己体验文章篇章结构的重要意义和构建的方法。	
Language focus 10min. （语言聚焦）	Step 1：Understand the part of writing.（8'） 九、先将课本中的句子给出： The weather starts to get cooler and the trees start to change colour. In the northwest，it isn't very cold，but there's a lot of rain，so bring an umbrella. 在这两个句子之中根据句子自身的中文含义又复习前面模块所讲过的 and，but，or，so 的使用。其中，根据前后两个半句的中文含义来决定连接词的具体使用。 十、请同学自己造句，但规定相关的场景 十一、请同学讲文章中的含有 and，but，or 的句子再回顾一遍，小组练习，两人一组。 Step 2：Ask students to analyze the sentences.（2'） 1. 做知识的延展，PPT 给出课外的较复杂的难句，但注意使用场景和文章尽量相同，让学生来分析句子的结构和完成相互的转化。 2. 利用含有 so 的多个句子或一组句子完成一个小场景的对话，更多地强调句子之间的因果关系。	语言聚焦，理解核心语言现象的使用。 学生进一步体悟句子表达中的逻辑关系和句子之间的衔接特点，以便对实际的写作训练更有指导意义。

	3. 利用 and, but, or 和 so 的句子完成一篇短文，体悟句子之间的相互逻辑关系的使用，但场景尽量保持和文章相同。 Step 3: Review the importance of the and, but, or. 强调相对的逻辑关系的判断和理解。	可以给出 or 或者 so 的更多句子做相关练习，因为学生对这两个连词不太熟悉。
Language drills 10min. （语言句型）	Step 1：将文章中出现的重点难点句子重新回顾一遍。 1. The USA is a very big counry to visit, so choose carefully the places to see and the time to go. 2. New York and Washington DC are good places to visit in May or October. 3. The weather starts to get cooler and the trees start to change colour. It is a good idea to bring your camera because you may want to take photos of the autumn leaves. 4. 4, 000 kilometers away in Los Angles, California, the weather is fine all year. 5. It will be dark all day and freezing cold. 6. It's usually very hot and sunny compared to many other places. Step 2：完成课文后面的问答（P91）再次回顾文章内容，并且就问题中的重点句式作以回顾，例如： Do you agree or disagree with the description of our city mentioned above? What will he be encouraged to do in the future?	学生通过小组活动的方式，运用本单元所学语言知识并结合 PPT 中所给出的课文核心句子，共同完成文章的整体回顾，同时，可以让学生设定场景结合一开始所观看的视频材料，让学生自己陈述语言练习所学内容，对课文重点内容进行完整回顾。
Summary 2min. （总结）	今天我们进一步学习现在情态动词表示推测的使用的分类，结合结构的脉络整体和寻找文章主线、主题句的训练，同时，结合写作的训练再一次复习并强化了文章之最基础的句子中的逻辑关系的判断方法。最后，在回顾文章核心句子的同时加深对文章的整体理解。希望大家今后在英语学习中能正确使用它们，进而整体提高自己的英语水平。	

板书设计

主要是在制作 PPT 中的版式设计和视频声音材料的穿插和材料安排。

课后反思

本节课采用了《英语课程标准》中所倡导的以学生为中心的自主学习原则，充分调动学生的思维，使用两人组、四人小组等多种形式引导他们去观察、归纳和总结文章的重要篇章和核心句子。通过这次活动，使学生在教师创设的情景中接触具体的语言现象，激发他们自己总结出相关的语法规则。特别是在回顾文章的同时增加了对同义地方的描述和对不同地方的比较，锻炼了学生的表达能力。同时，加强了对学生写作的训练，进一步增强了他们的写作训练意识。通过探究与归纳总结再次强化语言的知识点，进一步激发学生兴趣和调节课堂气氛。同时，在关键语法点的讲解与归纳时，使用了中文和英语相结合的方式，这样学生不会在语法的理解中感到混乱，但在文章的篇章训练和写作训练时尽量使用英文，以使学生的全方面的能力得到最大的发挥。

初中二年级　You mustn't talk too loudly

使用教材：新标准英语（外研版）初中二年级上册

Book 3 module 12 Traditional life

教材分析

本节课是 Book 3 第十二模块的第二节课。本单元主要通过作者自己的笔端，对英国的习俗进行介绍，并且可以进行拓展性学习，将自己国家的习俗和英国的习俗作比较，来进一步阐述不同国家的文化的差异。学生在本单元中就情态动词的自身含义和使用的语境加以学习和认知，并且结合实际的例子和场景来练习，从而加深对此项基本知识的理解，同时进一步在写作上练习对比性事物的介绍和描述。

在学习过程中引导学生观察、分析、归纳、总结并练习相关句型。指导学生以个人、两人组或者四人小组的活动方式，依照各项练习的要求，通过说、读、写的课堂活动方式，使学生参与讨论和口头交流活动，最终共同完成任务。

学情分析

学生在本单元的上一课时学到了使用情态动词 must 表示必须做某事，表达的语气非常的强硬，同时和前面单元所学习的 must 表示说话人对客观事物的推测有所不同。文章中出现的诸多场景使用了 must 和 mustn't 的表达方式，让学生对其用法有进一步的认识。同时，应进一步给出场景，并且让学生自己分组，进行场景训练。把 must 在本单元的使用搞清楚，重点是相关场景的复现和比较。在学习了解到本模块所涉及到的词汇和基础知识之后，本课时主要通过作者自身的角度，以参观访问英国所遇到的不同文化和习俗为主要话题来谈文化的差异，使人们感受到异域不同的风情，同时点明引入不同国家的特点及相关的文化层面的话题和内容，可以进一步延展，对不同国家的同一话题作比较，进行讨论，使同学的知识面进一步拓展开，对孩子的生活也有着积极影响和意义。

学生已经就本课所涉及到的情态动词的基本使用进行了讨论，例如must 和mustn't的基本使用、can 和 can't 的基本使用、can 表示的客观可能性的使用，在此基础上再进一步强化情态动词使用中的区别和共同点，来甄别使用中的误区和正确的概念及使用的不同特征。

学生在本节课的学习中所接触的重要词汇和重要句式应该加以场景训练，在实际场景中体会相关词汇和句子表达模式的应用，为以后的进一步学习英语打下良好的基础。

教学目标

知识目标：掌握本课词汇的发音、意义、和初步口头使用能力；掌握重要词汇的拼写；通过阅读对话进一步复习巩固情态动词的正确用法；熟练掌握推测的语气及相关形式的表达方法和使用技巧。

能力目标：能通过阅读顺利提取相关信息；能根据语境并结合上下文的信息推断出相关的词汇的含义；正确理解推测的内涵和使用目的，同时做写作的一般知识的铺垫，让学生对写作的框架和正确的训练方法有所了解。

文化意识：通过本课的学习，期望学生在了解英国的传统生活的不同层面及与自己国家的习俗的差异的同时，关注文化的差异和人文的浓重色彩。

教学内容

1. 话题：Advice for visitors：traditional life in England

2. 词汇：

1）掌握单词的认读：greeting，weddings，tradition，并且掌握这些核心词汇的具体使用：greeting 表示与某人打招呼，一般会有 with 相伴，与某人打招呼；tradition 表示传统，一般和 custom 连在一起，例如：We teenagers are supposed to keep up our traditions and cutoms. 我们青少年应该继承我们的传统和习俗。

又例如：Sometimes our traditional life is admired by some of us.

2）掌握下列短语的认读：

for the first time 表示第一次做某事，在表达次数的时候要注意介词的使用。在表达第一次做某事的时候要是用介词 for，do sth. for the first time，在表达第二次的时候可以使用 for the second time 或者 at the second time，一般来讲第三次或第三次以上使用 at the third time，但是在表示总共做了几次的时侯不能使用介词，do sth. several times 这时不能在 several times 之前加 for，例如：He has watched this movie three times.

而且在使用之中还要注意 the first time 不添加介词的时候可以直接接从句，例如：

The first time he arrived here, he was nervous.

= When he arrived here for the first time, he was nervous.

类似的用法还有 The last time he arrived here, he was sad and unhappy.

Every time he arrives here, he is happy and excited.

3. 主要句型：

At the party after the wedding, the woman throws her flowers over her shoulder.

在婚礼之后，新娘将花束抛过她的肩。

在这句话中 over 的使用是关键。over 表示跨越过去，用的是本意，例如：There is a bridge over the river.

over 可以引申为在物体的正上方，above 是斜上方，over 的反义词为 under，above 的反义词为 below.

下面再看一个例子：They chatted over a cup of coffee. 他们聊了一杯 coffee 的时间。

over 也是表示跨越，跨越的端点为起点是开始聊天的时间对等为开始喝 coffee 的时间，末点为聊天结束的时间对等于喝 coffee 结束的时间，所以表示聊了一杯 coffee 的时间。

The girl who catches them will be next to get married!

在这句话中的 will be next 表示下一个，在读这个句子的时候 to get married 与 next 并没有直接的联系。在下面我们再多补充 be next to 的使用，我们有 A be close to B；A be next to B；A be near to B，这三个表达的结构和样式一样，只是其中的核心词汇发生了变化，其中的 close，next 和 near 都是形容词，表示近。按照相对距离来讲 close 是最近的，表示紧密的；next 其次，表示的是相邻的含义；near 相对较远，表示在附近的含义。

marry 的使用，同学们非常熟悉，在这里再次强调 marry 的瞬间动词的使用以及 A be married to B 和 A get married with B 的使用。

Last year Tom married Susan. = Last year Tom got married with Susan.

由于 marry 是瞬间动词，动作的发生不能延续，所以应该将这个句子表达为 Tom 和 Susan 已经结婚一周年了，不能将句子表达为 Tom has married Susan for a year.（因为 marry 和 for a year 不能连接在一起，这能将这个句子改成 Tom has been married to Susan for a year，因为 be 是延续的动词，而且还要注意 be married 后面所添加的介词是 to，这点与 get married 后面的介词 with 不相同）

4. 语法：情态动词的推测使用中 must，mustn't 和 can 与 can't 的基本用法的使用区别和共同点。

教学重点

阅读、理解对话；介绍英国的习俗的分层面描述和比较英国和我们自己国家的习俗的不同。

教学难点

正确使用情态动词的基本含义和实际语气的场景记忆。

教学过程

教学环节	教与学的过程	设计意图
Lead－in 2min. (引入)	一、教师通过视频材料来引入英国的习俗介绍（可以是客观性习俗介绍的材料，也可以是有故事情节的节目介绍，让学生更加直观地了解英国的不同习俗）。 具体操作： 1. 教师通过提问设置语境，展示图片，引入话题： 1） What do you think of the unique（独特的）customs in England ? 2） Why? 3）这时在小组讨论中还可以适当引入我们国家的相关习俗加以比较，通过对比可以更加直观地感受到所介绍层面的不同。 2. 根据语言介绍采取师生问答的形式，引入本课重要话题：我的家乡的介绍。可以邀请同学来谈论他们自己对天津的了解和看法，激发学生热情。	展示本课话题，激发学习兴趣。引领学生作出相关的讨论。
Language input 20 min. （语言引入）	Step 1：Understand the passage.（6'） 一、Listen to the passage.（6'） 1. Understand the meaning to the given words in the yellow box. 1） Ask students to read the words in the yellow box. Q1：可以通过描述天津的四个季节的不同景象来描述图片，来进一步复习已经讲过的词汇。 Q2：可以用听写的方式将讲过的词汇应用于场景之中。 2）可以选用给定单词中的几个词汇串联成场景复现含义。	学生小组内完成该练习，通过阅读来熟悉生词，为掌握段落大意做准备。

	3）Read the words altogether. 2. Fill in the blanks with the given words.（7’） 1）使用 PPT 的方式将文章的核心句子设空，让学生在听文章的时候不看书直接看 PPT，或者可以先听一遍了解大意，然后完成所缺的空，既锻炼听力又练习核心词汇。 2）Check the answers：ask one student from each group to write down their answers on the blackboard. 3）Ask one representative from each group to explain one of the answers：some clues to each answer. 4）Summary：让学生再根据所填的空作文章核心段落的回顾，为文章的全篇学习做铺垫。 3. Listen to the tape again and try to review the key sentences and the key words.	学生阅读对话，并根据各种解题技巧处理相关知识。
	二、Get some information from the dialogue.（6’） 1. Get main topic of the dialogue： 1）Ask a question：review the ways to grasp the main idea of a paragraph. Q：Where can we usually find the topic sentence in a passage? —In the first paragraph. 2）Ask students to finish the question above the passage 注意利用文章上指引的句子来引出文章的核心主旨。 Q1：What are the strange customs of England the author finds? Q2：—What are the differences between England and our country China? (Ask some good students to present their reasons.) 2. Do True or False and correct the mistakes in the wrong sentences.	引导学生正确提取信息，并结合学生对文章的篇章结构的理解。

	自行设计题目复现文章中所提到的信息，同时让学生用英语介绍文章中提到的英国习俗，练习学生提取重要信息并且比较信息的能力。 三、Summarize the key points in above sentences.(3’) 最后复现文章中出现的与情态动词自身使用的相关的句子，将文章的核心语法内容加以讨论。 You usually shake hands with people when you meet them for the first time. But after that, you can just say hello. You must say Mr. and Mrs. when you speak to older people, but you can use first names with your friends. You can't have tea—the meal—after 4：30. You can only drink tea at a tea party, not coffee or juice. And you must drink tea with milk. You must pour the tea, then the milk—you can't put the milk in first, then the tea. In buses or trains, the other passengers are very quiet, and you mustn't talk too loudly. In some trains you can't even use your mobile phones. For example, the man and the woman can't see each other the night before the wedding. Then the woman mustn't arrive at the church on time but a few minutes late. Step 2：分不同段落，让学生总结不同段落的主题句；寻找主题句的位置和主题句与段落之间的关系。(5’) 一、先引领学生完成每个自然段的主题句的总结，同时，请同学将段落的主题句翻译为中文。 二、将段落的主题句的核心词汇和句子表达模式讲明白，让学生根据主题句复现段落的主要内容，从相反的角度做适应性训练。	学生互相问答，掌握并且复习句子中出现的核心词汇，并处理相关短语和句子表达方式。 做发散式的思维训练

	三、根据所有主题句，对文章进行复述（难度较大，可以分段落分步骤有选择的进行）。 四、让学生根据所学的知识谈论感想。 五、让学生根据文章的脉络领取主题作仿写练习（难度较大，可以给出主题和相关的词汇或句式帮助学生完成），让学生自己体验文章篇章结构的重要意义和构建的方法。	
Language focus 10min. （语言聚焦）	Step 1：Understand the part of writing.（8'） 一、先将课本中的句子给出。 You must say Mr. and Mrs. when you speak to older people, but you can use first names with your friends. In buses or trains, the other passengers are very quiet, and you mustn't talk too loudly. 在这两个句子之中根据句子自身的中文含义复习之前所学过的 must 和 can 的使用。其中，根据句子所给出的具体场景来决定不同情态动词的使用。 二、请同学自己造句，但规定相关的场景。 三、请同学将文章中的含有 mustn't 和 can't 的句子再回顾一遍，两人一组，进行练习。 Step 2：Ask students to analyze the sentences.（2'） 1. 做知识的延展，PPT 给出课外的较复杂的难句，但注意使用场景和文章尽量相同，让学生来分析句子的结构和完成相互的转化。 2. 利用含有 can 和 can't 的多个句子或一组句子完成一个小场景的对话，更多地强调句子之间的因果关系。	语言聚焦，理解核心语言现象的使用。 学生进一步体悟句子表达中的逻辑关系和句子之间的衔接特点，以便对实际的写作训练更有指导意义。

	3. 利用 must，mustn't 和 can，can't 句子完成一篇短文，体悟句子之间的相互逻辑关系的使用，但场景尽量保持和文章相同。 Step 3：Review the importance of the and，but，or. 强调相对的逻辑关系的判断和理解。	可以给出 must 和 mustn't 的更多句子做相关练习，因为学生对这两个连词不太熟悉，其中指出 mustn't 的用法和 can't 用法的语境差异，指出 mustn't 是命令禁止，绝对不行。
Language drills 10min. （语言句型）	Step 1：将文章中出现的重点难点句子重新回顾一遍。 1. When I went to England，I enjoyed my stay. But I noticed so many different traditions. 2. You usually shake hands with people when you meet them for the first time. 3. In buses or trains，the other passengers are very quiet，and you mustn't talk too loudly. It's very different from China! 4. And at the party after the wedding，the woman throws her flowers over her shoulder. 5. The girl who catches them will be next to get married! 6. It was all very strange but it was great fun!	学生通过小组活动的方式，运用本单元所学语言知识，并结合 PPT 中所给出的课文核心句子，共同完成文章的整体回顾。同时可以让学生设定场景结合一开始所观

	Step 2：完成课文后面的问答（P99），再次回顾文章内容，并且就问题中的重点句式作以回顾，例如： Do you like or dislike the different cutoms of England? What are our traditions and customs and what is the difference between England and China?	看的视频材料，让学生自己陈述语言练习所学内容，对课文重点内容进行完整回顾。
Summary 2min. （总结）	今天我们进一步学习现在情态动词的基本使用的分类，同时结合结构的脉络整体、寻找文章主线和主题句的训练；同时，结合写作的训练再一次复习并强化了情态动词的基本词义和用法；最后，在回顾文章核心句子的同时加深对文章的整体理解。希望大家今后在英语学习中能正确使用它们，进而提高自己的整体英语水平。	
Homework 1min. （作业）	Homework： 一、朗读课文。 二、抄写词汇和句型。	复习巩固所学的语言知识，落实到笔头。

板书设计

主要是在制作 PPT 中的版式设计和视频声音材料的穿插和材料安排。

课后反思

本节课采用了《英语课程标准》中所倡导的以学生为中心的自主学习原则，充分调动学生的思维。使用两人组、四人小组等多种形式引导他们去观察、归纳和总结文章的重要篇章和核心句子。通过活动使学生在教师创设的情景中接触具体的语言现象，自己总结出相关的语法规则。特别是在回顾文章的同时增加了对国家的习俗和文化对文化意识方面进行了了解。同时，加强了利用情态动词进行写作训练，进一步增强了写作的训练意识，通过探究与归纳总结再次强化语言的知识点。在关键语法点的讲解与归纳时，使用了中文和英语相结合的方式，这样学生不会在语法的理解中存在偏差，但在文章的篇章训练和写作训练时尽量使用英文，让学生的全方面的能力得到训练。增加了对文化和习俗的了解，拓展了视野和知识广度，进一步激发学生兴趣和调节课堂气氛，从而在英语上得到了层次的提升。

初中二年级　Working with animals

使用教材：北京市21世纪教材九年义务教育教材（Book 14）

Unit 11 Working with animals Expansion 11

设计思路

《英语课程标准》中强调英语课程从学生的学习兴趣、生活经验和认知水平出发，倡导体验、实践、参与、合作与交流的学习方式和任务型教学途径，发展学生的综合语言运用能力，使语言学习的过程成为学生形成积极的情感态度、主动思维和大胆实践、提高学生跨文化意识和形成自主学习能力的过程。因此，按照语言学习的规律，运用语言接触——理解体验——语言聚焦——语言运用的学习程序来整体设计本节课。

在导入环节，使用图片来帮助学生建立话题的概念，既帮助学生回忆了已学过的单元内容，又引入了本节课的主题，从而为统领整节课的设计主线埋下了伏笔。

在语言接触环节中，要求学生通过阅读练习理解对话主题，建立同一篇文章中共存多种时态的写作特点，使学生对整个单元的主要语法有一个初步的感性再认识。

在理解体验环节中，使学生通过对话的分析与讲解，建立英语句子中谓语动词的时态表示动作发生时间的概念。

在语言聚焦环节，利用学生自主学习的形式，采用任务型的教学途径，引导学生通过观察、发现、归纳、分析、运用的方法进一步体验现在完成时的语法意义，并掌握一定的解题技巧。

在语言操练环节，用补充的一篇含有多种时态的阅读文章进一步训练学生阅读理解能力，包括理解文本信息和时态的语法意义，以及一些语言难点的理解，最后通过综合练习题来检测当堂教学的效果以及学生掌握目标知识的情况。

教材分析

本节课是第十四册第十一单元的复习课。本单元主要涉及了现在完成时描述相关经历以及如何正确使用形容词的最高级。学生在本单元前四课中就相关内容分别进行了认知，但本节课的对话涉及了所有学生已然学过的时态：一般现在时，一般过去时，现在完成时以及形容词的最高级的变化形式。

在学习过程中引导学生观察、分析、归纳、总结并练习句型。指导学生以个人、两人组或者四人小组的活动方式依照各项练习的要求通过说、读、写的课堂活动方式使学生参与讨论和口头交流活动，最终共同完成任务。

学情分析

学生在本单元的前几课中已经借助 animals 和 working with animals 的话题学习了动词的现在完成时态的构成和基本用法，并且通过对动物的知识的讲解学习了形容词最高级的构成特点以及使用的方法。

学生已经就本课所涉及到的一般现在时、一般过去时有过较为深刻的认识，比较容易解决本课对话中的各种时态的意义和用法。

学生在本节课的复习课中，既利用教材所提供的已有材料又完成另一篇补充材料，从而使学生得到时态方面的强化练习。这样为以后的进一步英语学习打下良好的认知基础。

教学目标

掌握本课词汇的发音、意义和初步口头使用能力，重要词汇掌握拼写；通过阅读对话进一步复习巩固现在完成时的正确用法；初步掌握现在完成时与过去时在意义及用法上的区别。

能通过阅读顺利提取相关信息；能根据语境并结合上下文的信息推断

出所缺的单词；在正确理解现在完成时的基础上进行各种时态的综合运用。

通过本课的学习，培养人们热爱动物、保护动物的强烈意识。

教学内容

1. 话题：Animals，Jobs & Career

2. 词汇：

1）掌握单词的认读：attack，painful，incident，escape，marathon，career

2）掌握下列短语的认读：

animal trainer 驯兽员　　ride a horse 骑马

hurt yourself 伤害自己　　fall off a horse 从马上跌下来

break one's bones 摔折某人的骨头　　for example 例如（补充：such as）

step on one's feet 踩在某人的脚上　　have incidents 发生事故

quite a few 相当多　　in fact 事实上

look after 照顾（补充：take care of）　　all over the set 遍布摄影片场

3. 主要句型：

1）—Have you ever broken any bones?

—No，I haven't.

2）Sometimes I ride a horse or something like that.

3）A bear stepped on my foot once.

4. 语法：一般现在时、一般过去时、现在完成时的正确区分与运用。

教学过程

教学环节与时间安排	教与学的过程	设计意图
Lead – in 2min. （导入）	教师通过提问设置语境，看一段有关 Beijing Zoo 的视频，引入话题： 具体操作： 1. 教师通过提问设置语境，看视频 Beijing Zoo，引入话题： 1）What's the video about ? 2）What's your favorite animals? 2. 根据图片采取师生问答的形式，引入本课重要人物：Greg Lane. Today we'll meet another animal lover. He is also an animal trainer. （板书：驯兽员）	展示本课话题，激发学生学习兴趣。 引领学生猜测出 animal trainer 的含义。
Language in put 20 min. （语言导入）	Step 1：Understand the dialogue. （6'） 一、Complete the dialogue. （6'） 1. Understand the meaning to the given words in the yellow words. 1）Ask students to read the words in the yellow box. Q1：What's the part of speech of the box. —They're verbs. Q2：Where can we put them in sentences? —We can use them after the subjects. Q3：What's the structure of the subject plus verbs? —动宾结构。 2）Ask students to give out the original forms and meaning of each word. （Ask them to write them on the books.） ※ attack：进攻，攻击	学生小组内完成该练习，通过阅读来熟悉生词，并为掌握段落大意做准备。 学生阅读对话，并根据各种解题技巧处理相关知识。

	3）Read the words altogether. 2. Fill in the blanks with the given words.（7’） 1）Discuss in groups： attention： a. Try to choose the correct words from the given words. b. Try to translate the sentences into Chinese. c. Try to underline the key words. 2）Check the answers：ask one student from each group to write down their answers on the blackboard. 3）Ask one representative from each group to explain one of the answers：some clues to each answer. a. hurt——hurt（上下文） broken——bones（动宾结构） attacked——a lion，a bear，stepped on，painful had——incident（动宾结构） b. “been in a movie…” 从下文中的 movie，parts（多种小角色的出演） 推出：been 出现，演出，上镜…… 4）Summary. 解题技巧：先选定容易题，用排斥法进行最后的圈定，不应为一个小问题而浪费时间 3. Listen to the tape and try to review the key sentences and the key words. 二、Get some information from the dialogue.（6’） 1. Get main topic of the dialogue： 1）Ask a question：review the ways to grasp the main idea of a paragraph. Q：Where can we usually find the topic sentence in a passage? —In the first paragraph. 2）Ask students to read the sentences in the yellow box and answer some question：	检查学生能否正确提取信息，并结合句子体验不同时态的句子。 学生互相问答，掌握三种时态的结构，并处理生词。

Q1：Who are the two characters in this dialogue?

—AW and Greg Lane.（A：Animal，W：World）

Q2：—What does Greg Lane do?

—He's ________.

A. an actor　　B. a vet

C. an animal trainer　　D. a director

进一步体验 ever 的深层含义。

(Ask some good students to present their reasons.)

2. Do True or False and correct the mistakes in the wrong sentences.

1) Greg Lane is a vet working in a zoo.

2) He always rides a horse in a movie.

3) One day he fell off a horse and hurt his arm.

4) He has never broken his bones.

5) Once a bear attacked him.

学生自己体验不同时态在文章中的意义。

a. Ask students to read the sentences aloud altogether.

b. Ask some good students to give out the Chinese meaning.

c. Discuss in groups and try to correct the mistakes.

三、Summarize the tenses in above sentences.（3'）

1. Try to grasp the different kinds of the tenses.

Q：What's the tense of each sentence?

1）2）一般现在时 3）5）一般过去时 4）现在完成时

2. Know the purpose of using different tenses in the sentences.

Q：Why do people use different tenses when they write down the sentences?

—表示“时态：行为动作或状态发生的时间”。

（板书）

3. Read the sentences in True or False twice altogether.

Step 2：Understand the different kinds of sentences in different tenses in the dialogue.（5'）

一、Present the three kinds of sentences to the students:

(Questions and answers)

Q1: —Does Greg Lane train animals for movies?

—Yes, he does.

Q2: —One day some dogs escaped and started to run all over the set, didn't they?

—Yes, they did.

Q3: —Has he ever been in a movie?

—Yes, he has.

a. Ask three pairs to read and answer these questions.

b. Ask students to translate them into Chinese.

(Review the new words: escape 逃，逃亡)

c. Know the deeper meaning of "ever":

—从开始做 animal trainer 起

d. Ask a question: (the same question once again)

Q: Why do people use these different tenses in a dialogue together?

Answers to the question (summary):

Q1. 一般现在时，表示的是现阶段经常性或习惯性的动作或存在的状态。

Q2. 一般过去时，表示过去某时间里所发生的动作或状态，常常有过去时间的标志词，表示该动作目前已经结束。

Q3. 现在完成时，在本文中强调的是某人从某一过去时候（从开始做 animal trainer 起）到现在为止的某种特殊经历。

e. Review the importance of the tenses: 强调行为动作或状态发生的时间。(请学生读黑板上的文字)

f. Try to differentiate the different tenses:

(Ask students to discuss these two sentences and understand the deeper meaning.)

	1）That little boy has arrived here and he is waiting for you now. 2）That little boy arrived here but now he has gone.	
Language focus 10min. （语言聚焦）	Step 1：Understand another dialogue.（8'） 一、Get the key information from this passage. 1. Read the passage quickly and answer the first question. 1）The story mainly（主要）tells us that Mr. Scott ________. A. has two garages B. loves pigeons C. has begun a special "telephone" service with pigeons. D. can save a lot of money with pigeons. 2. Read the passage once again and try to answer the following questions.（Discus in pairs） 2）Mr Scott has just bought a garage in ________. A. Pinhurst　　B. Silbury C. Los Angeles　　D. New York 3）Pinhurst" and "Silbury" are two ________. A. 国家的名字　　B. 地方的名字 C. 鸽子的名字　　D. 朋友的名字 4）How many garages does he have now? A. One.　　B. Two C. Three.　　D. Four. 5）A pigeon didn't send the first message for Mr. Scott ________. A. today B. yesterday C. the day before yesterday D. the day after tomorrow.	语言聚焦，理解文章的主题大意。 学生进一步掌握三种时态的意义特点。

	Step 2: Ask students to analyze the sentences. (2') 1. Ask some questions: 1) How many tenses are there in this passage? What are they? 2) Why do we use these tenses together in a passage? has just… up to now… has sent… has begun his… 2. Read the 4 sentences in present perfect on the blackboard. (ask students to do that) Step 3: Review the importance of the tenses. 强调行为动作或状态发生的时间（请学生读黑板上的文字）.	归纳总结现在完成时的更多结构。
Language drills 10min. （语言句型）	Step 1: Finish the exercise in Point 6 (P67) (Group Tasks) (4') 1. Discuss the sentences in groups. 2. Write down the answers on the blackboard. 3. One student from each group explain the reason. （强调时间状语是判断使用过去时的关键） Step 2: Finish more exercise. (6') 背景介绍：用不同的时态来介绍你的同学李明。他今年15岁。他2年前到了我们学校。他喜欢学习英语。他已经学习英语5年了…… 1. Discuss in pairs and then write down the sentences on the work sheet. 2. Present the answers. 3. Check the answers and grasp the deeper meaning of each sentence.	学生通过小组活动的方式，运用本单元所学语言知识并结合综合本学期所学的有关句型，共同完成不同时态的综合练习。
Summary 2min. （总结）	今天我们进一步复习了现在完成时的意义以及不同的结构特点，同时也复习了一般现在时、一般过去时以及现在完成时的综合运用方法。希望大家今后在英语学习中能正确使用它们，进而提高自己的整体英语水平。	

板书设计

Expansion 11

animal trainer

时态：行为动作或状态发生的时间

一般现在时：Greg Lane is a vet working in a zoo.

一般过去时：One day he fell off a horse and hurt his arm.

现在完成时：He has never broken his bones.

课后反思

本节课采用了《英语课程标准》中所倡导的以学生为中心的自主学习原则，充分调动学生的思维，使用两人组、四人小组等多种形式引导他们去观察、归纳和总结语法规则。通过活动使学生在教师创设的情景中接触具体的语言现象，自己总结出语法规则。特别是在最后又增补了一篇课外的阅读题，进一步增强了他们合作的意识，通过探究与归纳总结再次强化语法的知识点。课堂气氛很好。同时，在关键语法点的讲解与归纳时，少量使用了中文，这样学生不会在语法的理解中存在偏差。

初中二年级

The experience has been very useful for me

使用教材：北京市21世纪教材九年义务教育教材（Book 14）

Lesson 46 第二课时

设计思路

《英语课程标准》中强调英语课程从学生的学习兴趣、生活经验和认知水平出发，使语言学习的过程成为学生形成积极的情感态度的过程。因此，按照语言学习的规律，运用情景导入——语言接触——语言探究——语言运用的学习程序来整体设计本节课。通过整堂课的教学，使学生在真实语境中不仅学会了相关语法知识，而且使自己的道德情感得到了升华。

在情景导入环节，使用图片来帮助学生建立话题的概念，既帮助学生回忆了已学过的单元内容，又引入了本节课的主题。从而为统领整节课的设计主线埋下了伏笔。

在语言接触环节中，使学生通过文段的听力与阅读练习理解对话主题内容，进一步感悟文章中共存多种时态的写作特点，使学生认识到现在完成时与一般过去时在语言交际中的不同作用。

在语言探究环节中，使学生通过对文段的两个时态句子的进一步分析与讲解，进一步理解用现在完成时来描述某人已有的经历或从过去延续至今的动作的用法和意义以及用一般过去时来叙述发生在过去的事情的意义。

在语言运用环节，利用学生自主学习的形式，采用任务型的教学途径，结合本课话题，运用现在完成时与一般过去时的不同时态，口、笔头的不同形式来完成描述“走进西部”行动中一位志愿者的西部生活经历的文章。

教材分析

本节课是第十四册第十二单元的的 Lesson 46 的第二课时。本单元主要复习现在完成时，一般现在时和形容词的比较级和最高级的意义和用法。内容所涉及的话题是：自然，地理与历史，人际关系。Lesson 25 已通过对中国西部地理位置、特征等内容的描述带领学生复习了形容词的比较级和最高级的用法特点和意义。Lesson 26 的第一课时也在延续单元话题的基础上通过介绍了一位“走进西部”志愿者的经历进而使学生对用一般过去时来叙述发生在过去的事情，以及用现在完成时用来叙述某人已有的人生经历、过去动作对现在有影响这样的语法意义有了较为深刻的认识。作为 Lesson 26 的第二课时，通过描述另两位“走进西部”志愿者的经历再次强化了现在完成时以及一般过去时的语法意义和运用，使学生体验这两种时态在语言交际中的作用。最后通过小组合作的方式，口、笔头不同方法，运用两种时态的正确形式来描述在“走进西部”活动中一位志愿者的人生经历。

学情分析

学生在本单元的学习之前已经就现在完成时和一般过去时进行了较为系统的学习，对这两种时态用法和意义有了初步的了解。

学生在进入本单元的学习过程中已经对中国西部的地理状况、风土人情以及相对落后的发展状况有了深刻的认识，并就中国政府号召青年“走进西部”的志愿者的经历有了初步接触。

学生对于动词的过去式和过去分词的变化形式已经有了一定的基础。因此，本课时中所出现的动词的过去式以及过去分词形式学生可以较轻松地解决。

教学目标

掌握本课词汇的发音、意义、和初步口头使用能力，重要词汇掌握拼写；通过听力、阅读及对话进一步复习巩固现在完成时与过去时在意义及用法上的区别。

能通过听力与阅读顺利提取相关信息；能根据语境并结合上下文的关键词进行时态的判断与正确运用；在正确理解现在完成时和一般过去时的基础上进行各种时态的综合运用（口头与笔头输出）。

通过本课的学习，使学生了解中国西部的概况，激发学生刻苦学习、奉献西部的爱国热情。

教学内容

1. 话题：Interpersonal relationships，Nature（Describing land）& History and geography（General knowledge of history and geography about China）

2. 词汇：1）掌握单词的认读：university，southeast，master，master's degree，medical，warm-hearted，begin

2）掌握下列短语的认读：

graduate from…　从……毕业

Xiamen University　厦门大学

have a chance to do sth.　有机会做某事

learn …from…　从……学习

volunteer to work　志愿做某事

begin to do sth.　开始做某事

feel like doing sth.　想要做某事

3. 主要句型：

1）Two years ago，he graduated from medical school at Zhejiang University.

2）It has been a useful experience for me.

4. 语法：一般过去时、现在完成时的正确区分与运用。

教学过程

教学环节与时间安排	教师活活	学生活动	设计意图
Lead - in 2min. （导入）	1. 教师通过提问设置语境，看一幅学校图片，引入话题： 1） What's the picture about ? —A school. （A village school. ） 2） What do you think of the school? —Very small and poor. 3） Where is the school? —In Guangxi Zhuang Autonomous Region. 2. 根据图片采取师生问答的形式，引入本课重要人物： 1） —Who is the girl? —She is a volunteer teacher working in that poor school. 2） Today we'll go on learning Lesson 46 and meet another two volunteers working in Western China. They're Wang Kai and Li Nan.	Look at the pictures and review the topic of this lesson. Answer the questions and get ready to learn new lesson.	复习本课话题，回忆已有信息，激发学习兴趣。 引入本课人物，进入新课的学习。
Listening comprehension 20 min. （听力理解）	一、Predict the main idea of the passage. 1. Introduce the background of the dialogue. Here is a dialogue between Wang Kai and the radio host. We will listen to it and know more details after listening.		

	2. Do the guessing game. Answer some questions: 1) Q1: —Where is Wang Kai now? Is he at school or in the studio? 2) Q2: —Where did he work in the past? In the Western China or in the Eastern China? 3) Q3: Did he work as a teacher or a doctor? 二、Solve the problems in the sentences in 2.1. 1. Discuss the sentences in groups. 2. Know the meaning of the sentences in 2.1. 1) Ask some students to read the sentences in this exercise. 2) Ask some good students to translate them into Chinese. 3) Solve the new words in the sentences. (PPT) 三、Listen and understand the details of the passage. 1. Listen and grasp the main idea of this dialogue. (Play the tape once) Q1: What's Wang Kai? A. A teacher in Xiamen University.	Answer the questions and try to get some information from the dialogue. Read the sentences in groups. Try to read and understand the sentences. Ask students to do the exercise.	让学生通过回答问题来推断听力材料的有关话题，进而为下一步的听力内容进行铺垫。 Get familiar with the sentences so as to go on listening without any difficulties. Make students get interested in the listening material.

	B. A graduate from Xiamen University. C. A student in Bazhong. Q2: What did Wang Kai do for the Go West for two years? A. He studied law in Sichuan Province. B. He worked as a teacher in Sichuan Province. C. He had a wonderful trip to Sichuan Province. 2. Listen to the tape twice and try to do the exercise in True or False. 1) Ask students to discuss them in groups. 2) Check the answer altogether. (Divide the sentences into two groups and check them group by group.)	Ask good students to present their answer. Check the answer one by one. Do True or False sentence by sentence.	After listening, students can get the details in listening.
Language focus. 10 min. (语言聚焦)	Understand the different kinds of sentences in different tenses in the dialogue. 一、Present the two kinds of sentences to the students: 1. Group the sentences according to the tenses. Q: How many tenses are there in the sentences? What are they?	Answer the questions and try to know the difference between the two tenses.	Group the sentences into two tenses and then analyze them.

	2. Read the sentences and copy each one on the work sheet.		
	二、Analyze these two tenses. 1. Know the two tenses： Q1：Why do you think the sentence is in simple past tense? Q2：Why do you think the sentence is in present perfect tense? 2. Summarize the key words： 1）…for + 时间段：the present perfect 2）did/v. - ed：the simple past tense	Ask students to find out the key words in order to group the sentences into different tenses correctly.	Find out the key words so that students can use the two tenses correctly.
	三、Summarize these two tenses： 1. 一般过去时，表示过去某时间里所发生的动作或状态，常常有过去时间的标志词，表示该动作目前已经结束。 2. 现在完成时，在本文中强调的某人从某一过去时候到现在为止的某种特殊经历。 3. Review the importance of the tenses. 时态：行为动作或状态发生的时间。（请学生读黑板上的文字）	Ask students to read the words，in order to know the deeper meaning of the two tenses.	High light the deeper meaning of the two tenses.

Language drillings 10 min. (语言操练)	Step 1: Understand another passage.		
	一、Do the group work: 1. Try to fill in the blanks individually. 2. Discuss with partners in groups. 3. Write down the answer on the blackboard.	Fill in the blanks individually and together in groups.	Try to know the usage of the two tenses.
	二、Check the answer altogether. 1. Ask one representative to present his/her answer. 2. Check the answer altogether. (PPT)	Read verbs and check the answer.	
	三、Summarize: know the difference between the present perfect and the simple past. 1. Know the parts of speech of these words in the round brackets. —They are verbs. 2. Know the tenses in this passage. —The simple past and the present perfect.	Understand the parts of speech of these words and can use the verbs in the simple past correctly.	
	3. Know the deeper meaning of the sentence: Li Nan has just completed his two years of voluntary service and returned home.		Get to know another usage of the present perfect.

	1) Ask Students to read the sentence. 2) Ask good Students to translate it into Chinese. 3) Ask a question: What's the tense of this sentence? Why do you think so? —Because the key word is "just". 4) Ask one student to explain the deeper meaning of the present perfect: 现在完成时有时可以描述刚刚完成的动作。	Further understand the deeper meaning of the present perfect.	
	Step 2: Use the language: talk and compose a dialogue according to the interview. 假设你是一位北京大学毕业的应届毕业生，并且刚刚从四川阿坝的一个农村支教返回北京。请以与播音员访谈形式对你的经历进行描述。 (Beijing University, graduate, volunteer teacher, a village school, Sichuan Aba, two years, have a wonderful experience, learn a lot) 1. Pair work: Discuss with the partner and try to compose the dialogue. 2. Present the dialogue. (two pairs)	Compose the whole dialogue according to the given words and the dialogue in 2.1.	Use the two tenses in the same dialogue correctly.

Summary 2min. （总结）	今天我们进一步总结了现在完成时的意义以及进行了一般过去时和现在完成时的综合运用。希望大家今后在英语学习中能正确使用它们，进而提高自己的整体英语水平。		归纳总结本课的主要内容。

板书设计

Lesson 46

The experience has been very useful for me.

1）Two years ago, he graduated from medical school at Zhejiang University.（一般现在时）

2）It has been a useful experience for me.（现在完成时）

for ＋ 时间段

just：刚刚完成

时态：行为动作或状态发生的时间。

课后反思

本节课采用了听、读、写等不同输出与输入形式多方位、多角度、多层面地对学生进行了听力、阅读与写作的能力训练，形式多但其中的主线没有移位。因此，学生能够顺利地完成了所学的内容。特别是通过听力的练习，学生的听力水平得到了很大的提高。

初中三年级　Liu Xiang was trained for gold

使用教材：新标准英语（外研版）初中三年级上册

Unit 2　Liu Xiang was trained for gold

教材分析

本节课是 Book 5 第三模块的第二节课。本单元主要涉及到刘翔的体育生涯的介绍、刘翔的下一个奋斗目标及刘翔的实例带给我们什么启示。学生在本单元中就被动语态在一般过去时态和一般将来时态的应用加以学习和认知，结合实际的例子和场景加以练习，并且加深对此项基本知识的理解。

在学习过程中引导学生观察、分析、归纳、总结并练习相关句型。指导学生以个人、两人组或者四人小组的活动方式依照各项练习的要求通过说、读、写的课堂活动方式使学生参与讨论和口头交流活动，最终共同完成任务。

学情分析

学生在本单元的上一课时学到了 sporting life 的相关意义和对我们生活的影响，在相关的话题中给予了讨论，并且初步了解到了本模块所涉及到的词汇和基础知识。本课时主要讨论体育明星刘翔对我们的生活的重要影响，在我们的生活目标的设定上、在我们的人生道路的选择上和我们为了生活不断奋斗进取的精神上给予的启示。

学生已经就本课所涉及到的被动语态的基本使用有过较为深刻的认识，再进一步强化被动语态在不同时态模式下使用的不同特征。

学生在本节课的学习中所接触的重要词汇和重要句式应该结合场景给

予训练，在实际场景中体会相关词汇和句子表达模式的应用，为以后的进一步英语学习打下良好的认知基础。

教学目标

掌握本课词汇的发音、意义和初步口头使用能力，重要词汇掌握拼写；通过阅读对话进一步复习巩固被动语态的正确用法；熟练掌握被动语态在不同时态下的用法差异。

能通过阅读顺利提取相关信息；能根据语境并结合上下文的信息推断出相关的词汇的含义；在正确理解被动语态的使用上正确完成主动语态和被动语态的相互转换和综合运用。

通过本课的学习，培养人们热爱体育、热爱生活和积极向上的拼搏意识和精神。

教学内容

1. 话题：Liu Xiang was trained for gold

2. 词汇：

1）掌握单词的认读：advise，choose，encourage，medal，overnight，success，set up，symbol

并且掌握这些核心词汇的具体使用：

核心动词的自身结构是关键，需要记忆。

advise doing / advise sb. to do 并且给出相关的场景，帮助记忆：

Doing physical exercise is always advised.

Our teacher always advises us to take more physical exercise regularly.

choose A from B select A from B pick A out of B 这三个短语使用的情景相同，注意介词的匹配

He wants to choose the best book from all these ones.

encourage sb. to do 鼓励某人做什么，discourage sb. from doing

同反义词的使用是关键，但注意使用中的不同结构。

Our teacher always encourages us to take part in oral discussion frequently.

a gold medal 金牌/ a silver medal 银牌/ a bronze medal 铜牌 注意相关知识的延展。

overnight 是一夜的 over 表明时间的跨度 They chatted over a cup of coffee. 他们聊了一杯咖啡的时间。

注意 over 的本身含义—被研究对象的垂直正上方是 over，反义词垂直正下方是 under；斜上方是 above，斜下方是 below；被研究对象的头顶位置（注意没有间隔）为 on，脚下位置（注意没有间隔）为 beneath。

success 成功，动词为 succeed He always succeeds in achieving what he dreams of. 他总是能将他梦想的东西实现。形容词的形式为 successful 注意核心动词的多种形式的相互转变。

represent 代表 = stand for 注意相关场景的使用，PRC represents People's Republic of China.

注意 present 动词表示显现，呈现而名词指礼物，形容词表示在场的，出席的，注意形近词的辨析。

2）掌握下列短语的认读：

first of all 首先，通常用于话语的开头，而话语的结尾通常使用 in a word（总之），可以引入相关的连接词为写作的框架结构打下基础，例如 moreover 而且，What's more 而且 = In addition，However 然而，on the other hand 然而（On the other hand 与 on one hand 连用时表示一方面另一方面），around the world = throughout the world = all over the world = across the world 注意相同含义的短语的替换。

an overnight success

set up 表示建立，同时还有 build up。注意 build up 指搭建起来具体的东西，而 set up 则指建立抽象层面的组织或者机构，例如 set up our Students' Union 注意相近短语的词义含义的范围的之间的差异，同时可以适当引入短语的相关组别之间的辨析，例如：set up，build up，put up，注意这里不宜过多过难

3. 主要句型：

1）Now that he is well known all over the world，Liu Xiang will also be asked to appear in advertisements and films.

这个句子中练习 now that = since 表示既然，注意初三在强调现在完成时态中反复提及到的 since 表示自从，有明确的时态的要求：

He has worked here since he came.

It is 2 years since he smoked here. 表示戒烟两年

It is 2 years since he began to smoke. 表示抽烟两年

区别在于 began 和 smoked 的延续性动词和瞬间动词的差异。

since 表示“既然”没有时态的硬性要求。

2）Liu Xiang will be advertised by his coach on how to be a great sportsman.

on 表示在某一方面的。

3）His performance was compared with the world's best sports stars.

他的表现和世界级的最棒的体育明星的表现可媲美。

We teenagers are always compared to flowers of our country.

我们青少年通常被比喻为花朵。

注意同类事物相比较；非同类事物相比喻。

4）Has he found out that there is more to life than training?

注意优美句子的描述：there is more to life than training 不仅仅是 training。

5）Liu Xiang will go for more medals for China because he was trained for gold.

go for 表明为什么而争取奋斗。

4. 语法：被动语态在一般过去时和一般将来时的模式中的正确区分与运用。

教学过程

教学环节与时间安排	教与学的过程	设计意图
Lead－in 2min. （引入）	教师通过视频材料刘翔的获胜的场景来提问设置语境，引入话题。 具体操作： 1. 教师通过提问设置语境，播放视频材料，引入话题： 1）What's the program about ? 2）How do you feel when watching this scene? 2. 根据视频材料采取师生问答的形式，引入本课重要人物：刘翔，同时可以邀请同学来谈论刘翔取得成绩，激发学生热情。	展示本课话题，激发学生学习兴趣。 引领学生作出相关的讨论。
Language input 20 min. （语言引入）	Step 1：Understand the passage.（6'） 一、Listen to the passage.（6'） 1. Understand the meaning to the given words in the yellow box. 1）Ask students to read the words in the yellow box. Q1：可以引入比赛或运动的场景来用已经讲过的词汇造句。 Q2：可以用听写的方式将讲过的词汇应用于场景之中。 2）可以选用给的给定单词中的几个词汇串联成场景复现含义。 3）Read the words altogether. 2. Fill in the blanks with the given words.（7'）	学生小组内完成该练习，通过阅读来熟悉生词，并为掌握段落大意做准备。

	1）使用 PPT 的方式将文章的核心句子设空，让学生在听文章的时候不看书直接看 PPT，或者可以先听一遍了解大意，然后完成所缺的空，既锻炼听力又练习核心词汇。 2）Check the answers：ask one student from each group to write down their answers on the blackboard. 3）Ask one representative from each group to explain one of the answers：some clues to each answer. 4）Summary：让学生再根据所填的空作文章核心段落的回顾，为文章的全篇学习做铺垫。 3. Listen to the tape again and try to review the key sentences and the key words. 二、Get some information from the dialogue.（6’） 1. Get main topic of the dialogue. 1）Ask a question：review the ways to grasp the main idea of a paragraph. Q：Where can we usually find the topic sentence in a passage? —In the first paragraph. 2）Ask students to finish the question above the passage 注意利用文章上指引的句子来引出文章的核心主旨。 Q1：Who is the key character in this passage? Q2：—What are the main achievements of him? (Ask some good students to present their reasons.) 2. Do True or False and correct the mistakes in the wrong sentences. 自行设计题目复现文章中所提到的信息，同时完成文章后面以时间顺序为主线的大事件表格，培养学生提取重要信息的能力。	学生阅读对话，并根据各种解题技巧处理相关知识。 检查学生能否正确提取信息，并结合学生对文章的篇章结构的理解。

	三、Summarize the voices in the above sentences.（3'） 最后复现文章中出现的与过去或将来相关的被动语态的句子的使用，将文章的核心语法内容作以讨论。 Step 2：分不同段落让学生总结不同段落的主题句，寻找主题句的位置和主题句与段落之间的关系。（5'） 1. 先引领学生完成每个自然段的主题句的总结，同时，请同学将段落的主题句翻译为中文。 2. 将段落的主题句的核心词汇和句子表达模式讲明白，让学生根据主题句复现段落的主要内容，从相反的角度做适应性训练。 3. 根据所有主题句将文章复述（难度较大，可以分段落分步骤有选择的进行）。 4. 让学生根据所学的知识谈论感想。 5. 让学生根据文章的脉络领取主题作仿写（难度较大，可以给出主题和相关的词汇或句式帮助学生完成），让学生自己体验文章篇章结构的重要意义和构建的方法。	学生互相问答，掌握被动语态在不同时态情况中使用的不同结构，并处理相关词汇。 做发散式的思维训练。
Language focus 10min. （语言聚焦）	Step 1：Understand the part of writing.（8'） 四、先将课本中的句子给出： A special programme helped Liu Xiang. His coach Sun Haiping noticed his skill at hurdling. 演示这些句子变成被动语态的做法。 五、将缩编成的被动语态的句子再请同学变成主动语态。 六、请同学自己造句，但规定相关的场景。 七、请同学讲文章中的被动语态的句子找出，小组练习，2人一组，进行主被动之间的相互转换。 Step 2：Ask students to analyze the sentences.（2'） 1. 做知识的延展，PPT给出课外的较复杂的难句，但注意使用场景和文章尽量相同，让学生来分析句子的结构和完成相互的转化。	语言聚焦，理解核心语言现象的使用。 学生进一步复习被动语态的实际意义特点。

	2. 利用被动语态的多个句子或一组句子完成一个小场景的对话。 3. 利用被动语态的句子完成一篇短文，体悟被动语态的具体使用，但场景尽量保持和文章相同。 Step 3：Review the importance of the voices. 强调行为动作的发生，就事论事，与动作的发出者无关，回到被动语态使用的本意和实际意义。	可以给出被动语态的更多句子做相关练习。
Language drills 10min. （语言句型）	Step 1：将文章中出现的重点难点句子重新回顾一遍。 1. First of all，he will be invited to competitions around the world. 2. He will be chosen to represent China at the Olympic Games. 3. He is a symbol of China's international sporting success。 4. Liu Xiang will be advised by his coach on how to be a great sportsman，and by his manager on how to be a star. 5. Liu was encouraged at first to train as a high jumper. Then in 1998，his skill at hurdling was noticed by his coach Sun Haiping. 6. Liu's races were recorded，and his performance was compared with the world's best sports stars. 7. In 2002，he won his first international 110m hurdles even in Switzerland，and in the same year，a gold medal at the Asian Games in Korea. 8. So what's next for Liu Xiang? Has he found out that there's more to life than training? 9. No，Liu Xiang will go for more medals for China because he was trained for gold！	学生通过小组活动的方式，运用本单元所学语言知识并结合 PPT 中所给出的课文核心句子，共同完成文章的整体回顾，同时可以让学生设定场景结合一开始所观看的视频材料，让学生自己陈述语言练习所学内容，对课文重点内容进行完整回顾。

	Step 2：完成课文后面的问答（P21），再次回顾文章内容，并且就问题中的重点句式作以回顾，例如： What was Liu Xiang advised to do in 1998? What will he be encouraged to do in the future?	
Summary 2min. （总结）	今天我们进一步复习了被动语态在一般过去时和一般将来时的不同模式下的使用，同时也强化了文章的整体结构的脉络，寻找文章主线和主题句的训练，同时，结合写作的训练将文章进行回顾，也完成对写作基础知识及重要句子表达模式的强化和句子之间的连接词的使用练习，最后，在回顾文章核心句子的同时加深对文章的整体理解。希望大家今后在英语学习中能正确使用它们，进而提高自己的整体英语水平。	

板书设计

主要是在制作 PPT 中的版式设计和视频声音材料的穿插和材料安排。

课后反思

本节课采用了《英语课程标准》中所倡导的以学生为中心的自主学习原则，充分调动学生的思维，使用两人组、四人小组等多种形式引导他们去观察、归纳和总结文章的重要篇章和核心句子。通过活动使学生在教师创设的情景中接触具体的语言现象，自己总结出相关的语法规则。特别是在回顾文章的同时加强了写作的训练，进一步增强了学生写作的训练意识，通过探究与归纳总结再次强化语言的知识点，进一步激发学生兴趣和调节课堂气氛。同时，在关键语法点的讲解与归纳时，使用了中文和英语相结合的方式，这样学生不会在语法的理解中存在偏差，但在文章的篇章训练和写作训练时尽量使用英文，以期让学生多方面的能力得到最大限度的发挥。

初中三年级　The camel that I rode had a bad temper

使用教材：新标准英语（外研版）初中三年级上册

Book 5 Module 7 Australia

教材分析

本节课是 Book 5 第七模块的第二节课。本单元主要涉及到澳大利亚的简要介绍、分不同层次和多角度作客观介绍的方法及以书信为模式写作的相关注意事项。学生在本单元中就定语从句的初步知识，尤其是连接词 that 引导的定语从句的使用加以学习和认知，结合实际的例子和场景进行练习，以此加深他们对此项基本知识的理解。同时讲解定语从句的还原和插入的理解方式将语法基础知识简化记忆。

在学习过程中引导学生观察、分析、归纳、总结并练习相关句型。指导学生以个人、两人组或者四人小组的活动方式依照各项练习的要求通过说、读、写的课堂活动方式使学生参与讨论和口头交流活动，最终共同完成任务。

学情分析

学生在本单元的上一课时学到了 Australia 的概况和相关知识，尤其是老师对文化方面的补充，在相关的话题中给予了讨论，并且初步了解到了本模块所涉及到的词汇和基础知识。本课时主要讨论作者在澳大利亚的经历，以作者自己的观察问题的角度来透析出澳大利亚这个美丽的国家的特点和文化的独特魅力，同时，教给我们怎么去观察和介绍事物的多个层面来完成对一个事物的描述。

学生已经就本课所涉及到的定语从句的基本使用有过较为深刻的认

识，再进一步强化定语从句在语言应用中的使用特点。

学生在本节课的学习中所接触的重要词汇和重要句式应该加以场景给予训练，在实际场景中体会相关词汇和句子表达模式的应用为以后的进一步英语学习打下良好的认知基础。

教学目标

掌握本课词汇的发音、意义和初步口头使用能力，重要词汇掌握拼写；通过阅读对话进一步复习巩固被动语态的正确用法；熟练掌握被动语态在不同时态下的用法差异。

能通过阅读顺利提取相关信息；能根据语境并结合上下文的信息推断出相关的词汇的含义；在正确理解被动语态的使用上正确完成主动语态和被动语态的相互转换和综合运用。

通过本课的学习，培养学生对多元文化的兴趣和对文化差异的敏感度。

教学内容

1. 话题：The camel that I road had a bad temper

2. 词汇：

1）掌握单词的认读：bright，coast，field，funny，grape，ham，hill，lamb，outback，relative，sheep，spirits，surfing，wine

并且掌握这些核心词汇的具体使用：

核心动词的自身结构是关键，需要记忆。

surf 冲浪 surf the Internet

He always surfs the Internet in his spare time and knows about the outside world.

coast 海岸 注意沿岸附近使用的介词为 off

There are many islands off the coast. 沿岸附近有很多岛屿。

off 表示与什么脱离开，相当于 away from，在这个环节上容易错误使用为 along，along 表明沿着，但是证明岛屿和海岸线是相接的，例如 he was walking along the street last night. 他和街道是相接的。

funny 的使用容易和 fun 搞混，fun 是不可数名词，不是形容词。

Watching this movie was much fun.

很多学生容易将 fun 误解为形容词而出现使用上的错误，因为 fun 在句中的位置是一个形容词的位置，所以很多情况学生容易出现 very fun 的错误。

funny 是形容词，但不是 fun 的形容词，因为表示的含义不相同，funny 偏贬义色彩，表示滑稽的，而 fun 的含义为乐趣，是褒义色彩的，下面举例来说明在句子位置的问题：

It is much fun in doing such a word game.

按照正常角度来说，there is 接上名词而 it is 接上形容词，但是 fun 没有形容词的形式，只能使用 it is，再例如：

There is no doubt that Tom is a top student in our class.

= It is doubtless（毋庸置疑的）that Tom is a top student in our class.

但是，wonder 表示的含义和 doubt 相类似，为“疑虑”但是没有形容词，所以只能和 fun 一样使用名词 wonder 来占据形容词的位置，使用为 It is no wonder that Tom is a top student in our class.

不能使用为 There is no wonder that Tom is a top student in our class.

另外，outback 的使用针对海岸线向里延伸，指的是内陆地区，注意词语的方向感的判断。

2）掌握下列短语的认读：

write this letter to you 可以直接使用 write to sb. 给某人写信，反义词为 hear from sb. 收到某人的来信。

at different times of the day 在一天内的若干次，一般 times 表示次数没有介词。

He has watched this film several times.

be tired 表示疲劳和厌倦和厌烦，注意添加的不同介词，be tired of doing sth. 表示厌倦做某事。

be tired from doing sth. 表示疲劳。

注意场景的不同使用：After picking the cotton for the whole day, we were tired.

= We were tired from picking the cotton, for we were doing it for the whole day.

3. 主要句型：

1）At the moment we are staying near Uluru—that's the Aboriginal name for Ayers Rock.

at the moment 表示在现在这个时刻，这时延展一下词汇与 moment 相关的短语有 for a moment 表示持续了一小会，而 for the moment 表示暂且，目前，例如：We cannot solve your problem for the moment. Later, we will take full consideration into it.

2）The colours of the rock are fantastic, and at different times of the day, they change from purple to red.

注意 change from A to B 在表达中所表达中 A 和 B 的等同情况，例如均为颜色的转变。

而 change 通常还可以是使用为 change A into B 将 A 改变为 B。

例如：Water can be changed into vapor when heated. 在加热的情况下水可以变成蒸汽。

3）Their family life is similar to ours, and they enjoy the same food and hobbies.

注意核心短语 be similar to 的使用。

A 与 B 相类似表达为 A is similar to B；A 与 B 完全相同表达为 A is the same as B。

Our lifestyle is similar to theirs.

4）They make grapes in the south of the country.

A is in the south of B

A is on the south of B

A is to the south of B 这三种表达方式均可以划归为 A is south of B，但是 in the south 表示 A 在 B 的内部，是表示 A 和 B 属于的关系；A is to the south of B 表示 A 和 B 相隔开有距离，而 A is on the south of B 表示 A 和 B 相接，有接触点。

5）The camel that I rode had a bad temper and I got very tired.

the camel 所接的 that I rode 是 camel 的定语从句，camel 是先行词，下面谈还原和插入的方式理解定语从句的相关内容：

将 camel 还原到定从之中插在 rode 的后面能够衔接得上，组成了完整的句子 I rode the camel，补全句子之后 camel 是 sth.，所以第一选择为 which，第二选择为 that，而且 camel 在定语从句中充当 rode 的宾语，所填的 which 或者 that 可以被省略掉。

This is a book which I like. a book 在定从之中做 like 的宾语，使用 which 或者 that，而且 which 或者 that 可以省略掉。

This is a book which I am interested in. a book 在定从之中做 in 的宾语，使用 which 或者 that 而且可以省略。

This is a book in which I am interested. 将先行词 a book 还原插入到定语从句之中连接不上缺少一个介词 in，所以将介词添加在连接词 which 之前，注意这时 which 不能省略和 in 同时存在。

He is a boy of whom I am proud.

He is a boy in whom I take pride.

这两个句子的中文含义相同均表示他是一个我引以为荣的男孩，但是 whom 之前添加的介词不相同，注意当先行词为人的时候使用的连接词为 who 或者 whom，并不是 which，这两句话的关键位 I am proud of a boy 和 I take pride in a boy 关键为添加的介词不相同，这与动词的自身结构相关，实际上与定语从句无关，所以，定语从句的知识与语言自身的基础知识的连接显得尤为重要。

在这里将定语从句的知识延展一下：

I still remember the day on which I came here.

先行词 day 还原插入到定从之中应该添加介词 on，所以使用 on which。

I still remember the first time for which I took part in such an activity.

先行词 time，尤其是 the first time 还原插入到定从之中应该添加介词

for，第一次做某事的表达方式为 do sth. for the first time，所以使用 for which。

I don't understand the way in which you solve this problem.

先行词 way 还原插入到定从之中应该添加介词 in，因为在什么路上使用 on one's way，但是用这种方法方式应使用 in this way，所以使用 in which。

I still can't understand the reason for which you came here late yesterday.

先行词 reason 还原插入到定从之中应该添加介词 for，所以使用 for which。

注意这四个句子正常使用之后，值得注意的是有且只有这四个词为定语从句的先行词时，所添加的介词可以省略掉，但是省略之后不能单独使用 which，只能使用 that，或者将 that 也省略掉，这样这四个句子可以改写成为：

I still remember the day that I came here.

I still remember the first time that I took part in such an activity.

I don't understand the way that you solve this problem.

I still can't understand the reason that you came here late yesterday.

4. 语法：定语从句在语言应用中的使用特点与运用，及相关的注意事项。

教学过程

教学环节与时间安排	教与学的过程	设计意图
Lead – in 2min. （引入）	教师通过视频材料 discovery channel 中 Australia 的介绍片段来提问设置语境，引入话题 。 具体操作： 1. 教师通过提问设置语境，播放视频材料，引入话题： 1） What's the program about ? 2） How do you feel when watching this vedio? 2. 根据视频材料采取师生问答的形式，引入本课话题。	展示本课话题，激发学生学习兴趣。 引领学生作出相关的讨论。

Language input 20 min.（语言引入）	Step 1：Understand the passage.（6'） 一、Listen to the passage.（6'） 1. Understand the meaning to the given words in the yellow box. 1）Ask students to read the words in the yellow box. Q1：可以引入介绍的场景来用已经讲过的词汇造句。 Q2：可以用听写的方式将讲过的词汇应用于场景之中。 2）可以选用给的给定单词中的几个词汇串联成场景复现含义。 3）Read the words altogether. 2. Fill in the blanks with the given words.（7'） 1）使用PPT的方式将文章的核心句子设空，让学生在听文章的时候不看书直接看PPT，或者可以先听一遍了解大意，然后完成所缺的空，既锻炼听力又练习核心词汇。 2）Check the answers：ask one student from each group to write down their answers on the blackboard. 3）Ask one representative from each group to explain one of the answers：some clues to each answer. 4）Summary：让学生再根据所填的空作文章核心段落的回顾，为文章的全篇学习做铺垫。 3. Listen to the tape again and try to review the key sentences and the key words. 二、Get some information from the passage.（6'） 1. Get main topic of the dialogue. 1）Ask a question：review the ways to grasp the main idea of a paragraph. Q：Where can we usually find the topic sentence in a passage? —In the first paragraph.	学生小组内完成该练习，通过阅读来熟悉生词，并为掌握段落大意做准备。 学生阅读对话，并根据各种解题技巧处理相关知识。

	2）Ask students to finish the question above the passage. 注意利用文章上指引的句子来引出文章的核心主旨。 Q1：What is the key point in this passage? Q2：—How does the author feel when he travels in Australia? （Ask some good students to present their reasons.） 2. Do True or False and correct the mistakes in the wrong sentences. 自行设计题目复现文章中所提到的信息，同时完成文章后面的问题回顾，来揣测作者当时的心情，从而培养学生提取重要信息的能力。	检查学生能否正确提取信息，并结合学生对文章的篇章结构的理解。
	三、提取小结文章中出现的重要的含有定语从句的句子。(3’) 最后复现文章中出现的与过去时或将来时相关的被动语态的句子的使用，将文章的核心语法内容作以讨论。	学生互相问答，掌握被动语态在不同时态情况中使用的不同结构，并处理相关词汇。
	Step 2：分不同段落让学生总结不同段落的主题句，寻找主题句的位置和主题句与段落之间的关系。(5’) 1. 先引领学生完成每个自然段的主题句的总结，同时请同学将段落的主题句翻译为中文。 2. 将段落的主题句的核心词汇和句子表达模式讲明白，让学生根据主题句复现段落的主要内容，从相反的角度做适应性训练。 3. 根据所有主题句将文章复述（难度较大，可以分段落分步骤有选择的进行）。 4. 让学生根据所学的知识谈论感想。 5. 让学生根据文章的脉络领取主题作仿写（难度较大，可以给出主题和相关的词汇或句式帮助学生完成），让学生自己体验文章篇章结构的重要意义和构建的方法。	做发散式的思维训练。

Language focus 10min. （语言聚焦）	Step 1：Understand the part of writing.（8'） 四、先将课本中的句子给出。 The Aborigines are the first people of Australia，and the ancien Aborgianal stories describe the spirits that created the world. The camel that I rode had a bad temper and I got very tired. The food and drink that most Australian like are grapes，lamb，ham and espeically wine that they make in the south of the country. 演示这些句子转变成定语从句的过程并且解释相关的内容。 五、将缩编成的定语从句再请同学回顾填入连接词的思维过程，以帮助回顾。 六、请同学自己造句，但规定相关的场景。 七、请同学将文章中的被动语态的句子找出，小组练习，2 人一组，进行主被动之间的相互转换。 Step 2：Ask students to analyze the sentences.（2'） 1. 做知识的延展，PPT 给出课外的较复杂的难句，但注意使用场景和文章尽量相同，让学生来分析句子的结构和完成相互的转化。 2. 利用定语从句的多个句子或一组句子完成一个小场景的对话，对一个场景进行描述。 3. 利用含有定语从句的句子来完成一篇短文，体悟定语从句在写作中的地位和对文章写作的润色作用，但场景尽量保持和文章相同。 Step 3：Review the importance of 定语从句。 强调定语的本意用途，基本方法（还原和插入），添加的不同介词的使用，和定从的具体应用。	语言聚焦，理解核心语言现象的使用。 学生进一步复习被动语态的实际意义特点。 可以给出定语从句的更多句子做相关练习。

Language drills 10min. (语言句型)	Step 1：将文章中出现的重点难点句子重新回顾一遍。 1. At the moment we are staying near Uluru—that's the Aboriginal name for Ayers Rock. 2. The colours of the rock are fantastic, and at different times of the day, they change from purple to red. 3. Their family life is similar to ours, and they enjoy the same food and hobbies. 4. They make grapes in the south of the country. 5. The Aborigines are the first people of Australia, and the ancien Anorgianal stories describe the spirits that created the world. 6. The food and drink that most Australian like are graps, lamb, ham and espeically wine that they make in the south of the country. Step 2：完成课文后面的问答（P59），再次回顾文章内容，并且就问题中的重点句式作以回顾，例如： What is the author's impression on Australia? When the author left Austrlia, how did he feel?	学生通过小组活动的方式，运用本单元所学语言知识，并结合PPT中所给出的课文核心句子，共同完成对文章的整体回顾，同时可以让学生设定场景，结合一开始所观看的视频材料，让学生自己陈述语言练习所学内容，对课文重点内容进行完整回顾。
Summary 2min. (总结)	今天我们进一步复习了定语从句的综合使用和不同介词的添加，同时也强化了文章的整体结构的脉络，寻找文章主线和主题句的训练，同时，结合写作的训练将文章进行回顾，也完成对写作基础知识及重要句子表达模式的强化和句子之间的连接词的使用练习。最后，在回顾文章核心句子的同时加深对文章的整体理解。希望大家今后在英语学习中能正确使用它们，进而提高自己的整体英语水平。	

板书设计

主要是在制作 PPT 中的版式设计和视频声音材料的穿插和材料安排。

课后反思

本节课采用了《英语课程标准》中所倡导的以学生为中心的自主学习原则，充分调动学生的思维，使用两人组、四人小组等多种形式引导他们去观察、归纳和总结文章的重要篇章和核心句子。通过本次活动，使学生在教师创设的情景中接触具体的语言现象，自己总结出相关的语法规则。特别是在回顾文章的同时加强了写作的训练，进一步增强了对事物进行描述的训练意识。通过探究与归纳总结再次强化语言的知识点，进一步激发学生兴趣和调节课堂气氛。同时，在关键语法点的讲解与归纳时，使用了中文和英语相结合的方式，这样学生不会在语法的理解中存在偏差。但在文章的篇章训练和写作训练时尽量使用英文，这样才能让学生的全方面的能力得到训练。

初中三年级

Papermaking was introduced into Japan in 610

使用教材　北京市义务教育课程改革实验教材（Book 15）
Lesson 14

教学内容

1. 话题：Popular science and modern technology（inventions）.
2. 词汇：industry，dead，soldier，invent，magic，square，no matter
3. 语法：一般过去时的被动语态。

教学目标

1. 在阅读1.3文章的过程中，通过填写表格、回答问题和做单项选择等不同方式，获取了文章细节信息以及主旨大意；并能根据上下文猜测出生词的含义。

2. 通过观察句型，归纳一般过去时的被动语态肯定句及疑问句的意义及结构。

3. 通过语境的创设，初步掌握一般过去时被动语态的用法。

教学重点

1. 学生能通过阅读1.3来获取文章细节信息和主旨大意，并能根据上下文猜测出生词的含义。

2. 学生能通过观察句型，归纳一般过去时的被动语态肯定句及疑问句的意义及结构。

教学难点

初步掌握一般过去时被动语态的意义和句型结构。

教学过程

教学环节	教与学的过程	设计意图
Warm-up 2min.	出示图片，导入本课话题：(中国的四大发明) Teacher：Look at these pictures. What are they? (paper，kites，fireworks…)	通过图片导入本课话题。
Language in-put 24min.	Step 1：快速阅读文章，选择恰当标题，并获取文章主旨大意。 1. 学生快速浏览文章，找出每段的主题词： Teacher：Let's read the text quickly and try to circle the key words in each paragraph. Students：Paper，kites，wheelbarrows，gunpowder，umbrellas，soccer，magic squares. 2. 学生根据每段的主题词来获取文章的主旨大意。 What does the text mainly talk about according to the key words? A. It mainly talks about the famous food in ancient China. B. It mainly talks about the famous animals in ancient China. C. It mainly talks about the famous battles in ancient China. D. It mainly talks about the famous inventions in ancient China. (先让学生进行双人间讨论再进行总结，并让学生讲清选择的理由。)	快速找出文章中的主题词，从而快速掌握文章的主旨大意。

Step 2：阅读文章并补全文段：

The text mainly talks about the 7 famous inventions in ancient China.

1. 学生小组之间讨论并填上横线所缺的单词。

Let's discuss in pairs and try to complete the blanks.

2. 核对答案：请7个不同小组的代表进行文段的朗读并同时订正答案：

小组合作降低了难度，从而很快进入下面的语法学习。

Paper：made，limited，introduced，produced

Kites：were known

Wheelbarrows：were invented

Gunpowder：was discovered

Umbrellas：were invented，were used

Soccer：was developed，was played

Magic squares：were invented

Step 3：精读文段，理解文段细节信息.

Part 1：阅读左边三个发明（Paper，Kites，Wheelbarrows），填写表格：

Teacher：Let's read the three inventions on the left and try to fill in the form：

通过阅读文段填表格的形式，检查学生文章细节的理解。

	Time	Inventor	Be used for
Paper			
Kites			
Wheelbarrows			

1. 自己填写表格。
2. 小组核对答案。
3. 集体核对答案。
4. 学生跟读磁带。

Part 2：阅读右边上两个发明（Gunpowder，Umbrellas），进行相应的练习。

	1. 阅读并做正误的判断： Read the two inventions and circle Ture or False： a. Gunpowder was used for making food.　T/F b. Gunpowder was discovered thousands of years ago. T/F c. Umbrellas were invented by the Japanese.　T/F d. The blue umbrellas were used by the common people in China.　T/F 2. 对学生进行猜词能力的训练： Q：Can you guess the meaning of “higher class”？ A. 有钱的人　B. 有身份的人 C. 有知识的人　D. 残疾的人 先请学生进行选项的确定，再让学生进行理由的讲解： red+yellow——blue　(颜色的分类) ↓ and　(连词进行种类的区分) ↓ higher class——the common people（普通人，老百姓） （有身份的人） 3. 跟读磁带。 Part 3：阅读右边下两个发明（Soccer，Magic squares），并做相应的练习。 1. 阅读并回答下面的问题： Read the two inventions and answer the questions： 1）When was soccer developed in England? 2）What are magic squares? 2. 阅读并做猜词练习： What does the underlined words mean in the sentence “In a magic square, no matter from which direction you <u>add up</u> the numbers, the result is the same”？ A. make up　B. add to　C. work out　D. look up （先让学生说出答案再给出相关的线索：如应该对四个英语动词短语的中文意思进行分析，然后再在理解句子的基础上进行选择，并最终给出答案） 3. 跟读磁带。	通过判断正误的形式检查学生的细节理解情况。 检查学生猜词能力。 阅读回答问题。培养学生认真阅读的好习惯。

Language fo- cus 3min.	1. 一般过去时被动语态的肯定句的呈现。 1）让学生随意找出课文中的带有下划线的三个句子。 e. g. The first paper was made in China in 105AD. Wheelbarrows were invented in the Han Dynasty. Soccer was developed in England in the 12th century. 2）学生集体朗读句子、观察句子，总结一般过去时被动语态肯定句句子结构。 被动语态的原因：主语是物，不是谓语动词的发出者。 被动语态的结构：was/were + *v.* -ed（下划线）——一般过去时 一般过去时的原因：过去的时间 2. 教师呈现一般过去式被动语态的疑问句： How long was papermaking limited in China? Was the paper produced in Egypt in the year 850? Where were soccer invented? 1）让学生朗读这些句子，并翻译成中文。 2）让学生观察这些句子，总结一般过去时被动语态疑问句句子结构。 特殊疑问句：特殊疑问词 + was/were + 主语 + *v.* -ed? 一般疑问句：Was/ Were + 主语 + *v.* -ed ?	学生通过观察例句，体会、总结一般过去时的肯定句和疑问句的意义和结构。
Language in use 11 min.	Step 1：Ding exercises：(Work it out) 1. Ask Students to read the first three sentences in "Work it out". 2. Ask Students to finish the exercises. 3. Check the answers： was introduced； were…invented； was…produced.	培养学生在真实语境中使用所学语言的能力。

Step 2：语言操练。

语境：你的美国朋友 Peter 对中国很感兴趣，请你依据表格信息向他介绍中国的古代发明。

	Time	Inventor	Be used for/to
Kites	3000 years ago	Chinese	be used to trans－port supplies to soldiers in battles
Wheelbarrows	in Han Dynasty	Chinese	be used to carry heavy supplies

板书设计

Lesson 14

Papermaking was introduced into Japan in 610.

The first paper was made in China in 105AD.

Wheelbarrows were invented in the Han Dynasty.

Soccer was developed in England in the 12th century.

How long was papermaking limited in China?

Was the paper produced in Egypt in the year 850?

Where were soccer invented?

初中三年级

Most English – speaking students learn French in Canada

使用教材 北京市义务教育课程改革实验教材（Book 15）

Unit 5 English and English – speaking Countries

教材分析

本节课是第十五册第五单元第十九课的第一课时。本单元的主话题是 Language Learning（语言学习）。它的次话题为：1）Differences between American English and British English；2）Language and culture；3）Attitudes to language and communication；4）Language learning strategies。本节课主要涉及了加拿大的语言文化。在理解文章内容的同时，从文章中找出含有不定代词的句子。在情景中使学生归纳总结出它们的不同含义及简单的用法。指导学生以个人、两人组或者四人小组的活动方式依照各项练习的要求通过说、读、写的课堂活动方式使学生参与讨论和口头交流活动，最终共同完成任务。

学情分析

学生在本册书的第一单元已经对英语的学习方法有了较为深刻的学习与体会。因此，学生对本单元的话题没有生疏感。由于本单元设计巧妙，内容贴近学生的实际生活，他们学习起来就不会有枯燥的感觉。

本单元的内容涉及了许多西方说英语的国家的风景名胜以及人文历史，因此学生在学习中容易与历史、地理课进行学科知识的横向联合，特别容易产生心理的满足感。因此，他们始终怀着无限的遐想与好奇心理。

这种情感的产生也为圆满完成本单元的学习任务提供了良好的动力保障。

针对本课内容所精心设计的中考题型也吸引了学生很大的注意力，并激发起了强烈的竞争欲望。

教学目标

学生通过阅读语言材料，以选择、标号、回答问题并画线的方式，能够获取关于加拿大学生学习外语的信息，能够通过所获取的信息归纳总结出加拿大学生学习外语的特点，同时梳理出本封信的结构特点。

学生在文段的理解中可以观察、理解不定代词表达数量的含义。

学生可以依据课文思路，口、笔头描述加拿大学生学习外语的情况。

教学内容

1. 话题：加拿大的语言文化。
2. 词汇：regular
3. 语法：不定代词 both，most，none，others 表达数量的含义。

阅读材料：一封有关介绍加拿大学生学习外语的信件。

教学过程

教学环节与时间安排	教与学的过程	设计意图
Lead-in 4 min. （导入）	学生通过回答问题，了解本课话题。 Step 1：教师出示单元图片：Today we will go on learning Unit 5. 让学生朗读单元标题 English and English – speaking countries。 Step 2：教师通过出示图片，向学生提出问题： 1. Teacher：Look at the two pictures. What are the children doing? Students：They are learning English.	通过提问和图片激发学生学习兴趣，引起学生对本课话题的关注。

	2. Teacher：They start learning English before primary school. When did you start learning English，in primary school or in junior high school? 通过图片与词汇的搭配帮助学生理解词语含义。 Step 3 导入本课。 Teacher：How about in Canada? Today we are going to study Lesson 19. Read the title together.	
Language input 29min. （语言接触）	Step 1：理解课题 Teacher 1：Do you know English – speaking? Students 1：说英语的。 Teacher 2：Most students in Canada speak English. So they are … Students 2：English – speaking students. Teacher 3：In Canada what foreign language can they learn? Students 3：They learn French. Step 2：Reading for general information. 1. 关注文章体裁、人物关系等基本信息。 （1） Teacher：Please open your books and turn to page 62. Please look through the article in 1. 2. Is it a report，or a story，or a letter? 教师给出选项，让学生选择： A. A report. B. A story. C. A letter. Students：It is a letter. （2） Teacher：Now please number the paragraphs. How many paragraphs are there? Teacher 1：Who wrote the letter? Who did she write to? Circle the names on your books. Teacher 2：What is their relationship? Underline your reason in the letter.	通过问答让学生理解标题包含的内容及词语意义。 让学生关注文章体裁。 通过扫读、理解句意明确人物关系等基本信息。

	给出选择： A. Classmates. B. Friends on the Internet. C. Cousins. Teacher 3：How do you know that? Students：We met each other on the Internet. （信中的句子）	
	2. 理解段落大意和全文结构 （1）让学生找出 Yang Yang 在来信中向 Paula 提到了什么问题，在文中画出来，教师再呈现选项让学生选择，以核对答案。 Teacher：They often send e-mails to each other. Why did Paula write to Yang Yang? What did Yang Yang want to know? What's his problem? Please find the sentences. A. He asked if students in Canada learn a foreign language. 让学生解释一下本句，特别是 if 的意思。 B. He told that learning English is difficult.	让学生从来信中提出的问题出发，展开对全文的理解。
	（2）让学生找出 Paula 在信中哪些段落回答 Yang Yang 的第一个问题，哪些段落回答第二个问题。 Teacher：In the e-mail，which paragraph answers the 1st question，which one answers the 2nd question? Match the paragraphs with the questions. A. He asked if students in Canada learn a foreign language. （Para1，2） B. He told that learning English is difficult. （Para3）	理清文章各段主要内容。
	（3）在将问题与段落搭配完成的基础上，让学生归纳总结全文主旨： Teacher：What does the e-mail mainly talk about? A. School activities in Canada. B. Foreign language learning in Canada. （√）（板书） C. School subjects in Canada.	训练学生在理清各段内容的基础上归纳主旨。
	（4）Teacher 1：Now look at the 1st question. Do they learn foreign languages? Can you find out how Paula answered?	通过选择检测学生是否理解难句的含义。

	Student 1: This depends on where you live in the country and your school. Teacher 2: What does the sentence mean? A. Students in Canada don't have to learn foreign languages. B. Students in Canada have to choose two foreign languages to learn. C. Students in some areas may not learn foreign languages. (√) (5) T1: From the letter, where can the students in Vancouver learn foreign languages? A. In primary schools and junior high schools. B. In language schools. C. In language clubs. Teacher 2: Where do you find the answer? In which paragraph? (板书)	进一步理清各段主要内容。
	Step 3: Reading for the detailed information. (告诉学生此练习与中考题中阅读与回答问题相同) 1. 理解第一段主要的内容: Read paragraph 1 and answer Q1 – Q3: (1) 让学生回答下面的问题：四人一组。在小组中进行练习。然后找代表进行回答。(若有可能请学生说出解题思路：根据题干中所涉及的词汇与原文中的关键词进行筛选从而锁定完整信息的来源。) Q1: —When do students start learning foreign languages? —Most students start learning foreign languages in primary school, others start in junior high school. Q2: —In Paula's school, what foreign languages can students choose? (提示在回答时注意人称的转换。) —They can choose Chinese or French, or both.	学生通过阅读理解文段内容。教师提示关注问题中的关键词，以帮助学生容易找到答案。并注意回答问题时人称的转换。

	Q3：—What did Paula choose? Why? —She chose Chinese, because she has a lot of Chinese friends and she likes Chinese culture.	
	(2) 教师引导学生通过观察板书，说出本段的结构：由面到点。 T：Firstly, Paula talked about information in Vancouver, and then in her school, at last she talked about herself. So can you tell me what structure this paragraph is?	帮助学生梳理本段脉络。
	2. 理解第二段的主要信息： Read Paragraph 2 and answer Q4 – Q5： (小组合作讨论。针对结果再进行相应的简单讲解。) Q4：—When can they go to language schools? —After regular classes.（解释词义。） (教师向学生解释在回答 when 的问题时，除了具体的时刻、年份或日期外，还可以用 before 或 after 等表示时间的词语来表达然后，出示两张图片让学生选择，并让学生解释一下词义。) Q5：—Why do many Chinese parents send the children to Chinese language school? —Because they don't want their children to forget their native language. (教师向学生解释在回答 why 的问题时，应根据原文内容进行信息的重新编排。答句应用 Because 来表述原因。)	训练学生在回答有关时间和原因的问题时，需要关注某些特定的词语。
	3. 理解第三段关于 Paula 对待学习外语的态度的信息： (学生小组讨论后订正答案。) Do you want to know Paula's opinion? Look at the paragraph 3. Answer the questions from Q6 – Q8.	学生通过回答问题，理解本段内容。

	Q6：—What is their problem? —Learning foreign language is difficult. Q7：—What is Paula's attitude（态度）? —But they won't give up. （学生填空） Q8：—What will they do to help each other to learn foreign languages?（Advice） A. They will do more exercise. B. They will send e-mail to each other in foreign languages. C. They will take foreign language classes.	
	Step 4：学生通过跟随录音朗读课文，回答问题，反馈对文章的理解。 After reading this e-mail，what can we know from it? Let's read the letter following the tape，and then find the answer. A. Both Paula and Yang Yang like to learn French. B. Most of the students in Paula's school learn Chinese. C. None of foreign languages is easy to learn，but we won't give up. （√） D. English is difficult to learn，but others are easy.	检查学生对文章深层的理解；四个选项为接下来的语法学习做铺垫。
Language focus 3 min. （语言聚焦）	1. 让学生找出句子中表达数量含义的词语，学生通过理解句子意思，总结不定代词 both，most，none，others 表达数量的意义。 A. Both Paula and Yang Yang would like to learn French. B. Most of the students in Paula's school learn Chinese. C. None of foreign languages is easy to learn，but we won't give up. D. English is difficult to learn，but others are easy. 让学生翻译句子和词语。	学生观察、体会不定代词表达数量的意义。

Language in use 8min.（语言运用）	语境：你的一个同龄外国笔友 Peter 要去加拿大留学了。根据你今天课上所了解到的内容给他写一封信，介绍一下那里的中学生们学习外语的情况。Peter 很想在加拿大学中文，请你向他提供一些学习的方法。	学生先总结归纳要点，然后再检测学生对课文思路的理解，并训练学生表达自己观点。

板书设计

Lesson19 Most English – speaking students learn French in Canada

Part 1

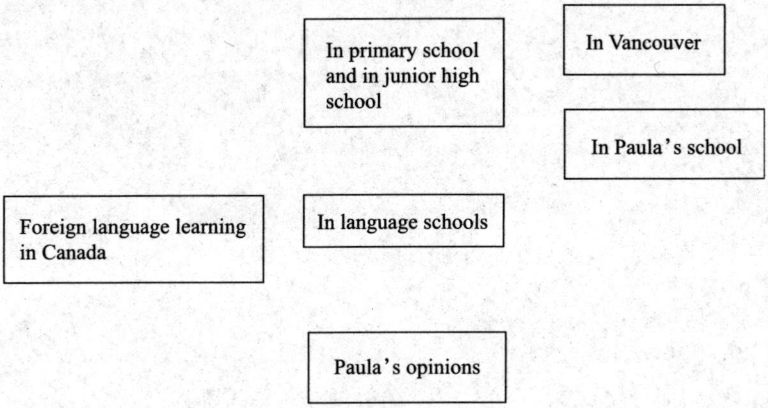

课后反思

本节课采用了《英语课程标准》中所倡导的以学生为中心的自主学习原则，采用多种形式进行整堂课的教学。在处理阅读材料时，由于采取了扫读、找读、阅读文章细节、理解逻辑关系等多种形式充分调动学生的思维，将阅读能力的培养落实到了实处。在阅读理解段落细节信息时，又将中考题型与本节课的内容进行了有机的联系，使用两人组、四人小组等多种形式引导他们去观察、归纳和总结出此类题的解题思路。因此，学生合作很愉快，参与率很高。通过学习使学生培养起了很强的自信心，激发了他们进一步提高英语学习成绩的强烈欲望。因此，本节课的课堂效果很好。

初中三年级

Do you know who introduced basketball to China?

使用教材　北京市义务教育课程改革实验教材（Book 15）

Lesson 21

课型　阅读语法课

教学目标

1. 学生通过1.1的练习，复习、学习与篮球相关的词汇。

2. 学生通过对1.2相关内容的处理、利用回答问题等方式，预测并获取文章主旨大意。

3. 学生通过观察例句，了解宾语从句中陈述句、特殊疑问句引导词及其语序。

4. 学生通过作对话的方式，能简单地运用宾语从句描述他人。

教学重点

1. 通过多种方式理解课文的相关内容。

2. 学生在理解课文的基础上认识并初步理解宾语从句的意义及其引导词和语序。

教学难点

学生能初步学会正确使用宾语从句描述他人。

教学过程

教学环节	教与学的过程	设计意图
Lead-in 2min.	Step 1：老师出示姚明在 NBA 打篮球时的图片导入本课话题。 Q1：（教师出示图片） —Who is he? —He is Yao Ming. Q2：—What's he doing in the picture? —He's playing basketball. Q3：—Is he playing basketball in China? —No. He's playing basketball in the USA. Q4：—Do you like playing basketball? Step 2：So, today we'll talk about basketball.	通过看姚明的图片激活学生已有知识，引入本课话题。
Language in-put 22min.	Step 1：学生根据已有知识回忆并学习与篮球相关的词汇。 Review and learn some new words about basketball. 1. Ask Students to read the words in the yellow box in 1. 1. 2. Ask Students to label the pictures. 3. Check answers in class. dunk jump ball pass jump shot 4. Read these words together. Step 2：学生根据已有知识完成对 1. 2 的猜测。 1. Ask Students to read the sentences and try to translate them into Chinese. 2. Ask Students to discuss each sentence in pairs and try to guess True or False. 3. Ask Students to present their answers. Teacher：We don't know whether it is true or whether it is false.	引导学生说出与篮球相关的词汇，激发学生学习本课词汇的兴趣。

	The following text can give us more knowledge about basketball both in the USA and in China. Step 3：学生阅读理解文章。 1. Ask Students to read the text and check the answers in 1.2. 1）T 2）T 3）T （Ask Students to correct the mistakes in No.4 sentence.） 4）NBA games started being shown on TV in China in the 1980s.（F） T：1990s 2. Read the text and try to answer the questions： Q1：When was basketball introduced to China? Q2：When did NBA games begin to be shown on TV in China? Q3：Who introduced basketball to China now? Q4：How many people are involved in the sport in China? Ask Students to discuss with partners in pairs and then check the answers in class： A1：It was introduced to China in the 1890s. A2：It began to be shown on TV in China in the 1990s. A3：Americans who came to China introduced the sport to China. A4：About 210 million. 3. Ask Students to grasp the main idea of this passage. Q：What does the passage mainly talk about? A. The history of basketball in the USA. B. The NBA games shown in China. C. The CBA players in the USA. D. The basketball games in China.	为阅读理解文段做铺垫。 引导学生理解文章主旨及细节信息。

	1) Ask Students to talk with some others and then choose the correct one answer. 2) Ask them to present the clues to the answer. (No. D is correct because others are just some part of the whole passage but No. D is the topic sentence of the whole passage). 4. Read the passage following the tape.	
Language focus 10min.	Step 1：宾语从句的认识与讲解。 1. Ask Students to read the two sentences： 1) Do you know that China's history of basketball is almost as long as America? 2) But many people believe that basketball started to become more popular in China… 2. Ask Students to try to translate them into Chinese. 3. Analyze these two sentences. 1) Ask Students the Chinese meaning of "know" and "believe". 2) 让学生注意观察它们后面的内容，并指出有什么特点。 —后面的内容很长。是句子。 3) 告诉学生在句子谓语动词后面作宾语的句子是宾语从句。 Step 2：学生观察例句，关注疑问句作宾语从句的引导词及语序。 1. 让学生关注原句中 that 的中文译文。 2. 告诉学生 that 没有相应的中文译文。所以它是宾语从句的引导词。 3. 宾语从句语序的排列： 1) 让学生再次读两个句子： a. Do you know…? b. When was basketball introduced to China?	帮助学生总结宾语从句的引导词和语序，为下面的语言运用做铺垫。

<table>
<tr>
<td></td>
<td>2）Ask one good student to combine them with each other.
Do you know when basketball was introduced to China?
3）让学生观察前后两个句子语序的不同。
（教师板书）</td>
<td></td>
</tr>
<tr>
<td>Language in use
10min.</td>
<td>Activity 1
让学生将两个句子合并。
先进行练习后，再进行全班订正。
1. a. Do you know…?
b. When did NBA games begin to be shown on TV?
Students: Do you know when NBA games began to be shown on TV ?
2. a. Do you know…?
b. Who introduced basketball to China?
Students: Do you know who introduced basketball to China?
3. a. Can you tell me…?
b. How many people are involved in the sport in China?
Students: Can you tell me how many people are involved in the sport in China?
Activity 2
Make a dialog about Yao Ming.
<table>
<tr><td>Year of birth</td><td>1980</td></tr>
<tr><td>Age</td><td>30</td></tr>
<tr><td>Job</td><td>basketball player</td></tr>
<tr><td>Team</td><td>Houston Rockets</td></tr>
<tr><td>Hobby</td><td>basketball and computer games</td></tr>
<tr><td>Height</td><td>2.26m</td></tr>
<tr><td>Evaluation（评价）</td><td></td></tr>
</table>
提示词
A: Can you tell me…?　　Do you know…?
Tell me…　　Can you show me…?
B: I think ….
1. Do it in pairs.
2. Present in front of the class.</td>
<td>引导学生理解并运用宾语从句。

培养学生的口语表达能力。</td>
</tr>
</table>

Homework 1min.	1. Copy the new words in this lesson. 2. Write down the whole passage about Yao Ming on the notebook.	巩固复习本节课知识。

板书设计

Lesson 21

Do you know who introduced basketball to China?

(1) Do you know that China's history of basketball is almost as long as America?

(2) But many people believe that basketball started to become more popular in China…

初中三年级　What to do in case of a fire

使用教材：北京市义务教育课程改革实验教材（Book 15）
Unit 8　Lesson 29 第二课时

设计思路

遵循新课标的理念，面向全体学生，突出学习者的主体地位，尊重个体差异，增强学习兴趣，倡导体验、参与、合作和交流，注重过程评价，提高跨文化意识和使学生形成自主学习的能力。所设计的目标、活动、评价要一致。

本单元以“保障安全”为话题，学习表达禁止和必须、劝告和建议以及命令的用语。

本节课是一节阅读操练课，重点是学生通过阅读安全注意事项，获取有关人们在发生火灾时应如何做的安全须知的信息，通过设计填空练习和设计问题的方式来帮助学生获取信息，进而提炼语言知识。通过提炼语言知识的过程，教师创设恰当的语境，有效地引导学生运用所学语言和相关话题词汇进行口、笔头描述，从而达到真实生活中实际运用的标准。

教材分析

本课是初三英语第 15 册第八单元的 29 课第二课时，通过阅读，起到总结归纳和运用的作用。话题为在学校的安全须知。话题新，但对于知识点，学生比较熟悉，学生通过阅读火灾的安全须知，复习如何表达禁止、必须、劝告和建议的方式，从听、说、读、写各个方面来深入理解和获取有关人身安全、救护和自救的各种信息，从而能够达到在真实生活中实际应用的标准。体会使用祈使句，情态动词的语言表意的功能，在教学中将淡化语言点和语法知识的简单传授，采用任务型教学法和小组合作探究学习法，从而扩大课堂的语言输入量及学生的语言输出量。

学情分析

学生在11册、13册学过阅读技巧，所学的有关知识技能可迁移到本节课中来，有一定的基础。在初一、初二年级英语学习的基础上，初三学生已经掌握了一定的获取主要信息的阅读技能，但一部分学生的基础知识仍然较为薄弱，运用英语进行交际活动的能力较差；主动学习的动力不够，然而他们学习比较认真，好胜心强，渴望在班集体里得到他人的承认，很在乎别人对他们的评价；部分学生的基础较好，能主动配合老师，愿意开口讲。他们有着爱表现自我的特点。因此，只有设置使他们感兴趣的活动，因材施教，才能让他们投入到课堂活动中来。

教学目标

（一）知识目标

1. 掌握单词：fire towel

句型：Leave the building as quickly as possible.

Do not return to the building until you are told to do so.

2. 认读：rescue，calm，marked，instruction，inform，in case of，as quickly as possible，wait for，not until

3. 通过阅读，理解防火安全须知。（1、2、3为最低要求）

4. 通过阅读，学会表达在学校发生火灾时的部分安全须知。学会有关意见、建议、禁止和必须的表达方式。（1、2、3、4为中等要求）

5. 通过阅读，理解、会说、会写表达劝告和建议、禁止和必须的句子或文段和防火安全须知。

（二）能力目标

1. 能够识别有关人身安全、自救和救护的文字说明和图示及标志。

2. 培养学生通过阅读获取和表达防火信息的能力。

（三）情感目标

1. 提高防灾意识。

2. 遇灾时，要有大局观念和他人意识。

3. 强化文化意识，了解中西方人身安全须知的异同。

教学内容

1. 话题：What to do in case of a fire.

2. 重点词汇：fire，towel，rescue，calm，marked，instruction，informin case of，as quickly as possible，wait for，not until

3. 句型：Leave the building as quickly as possible.

Do not return to the building until you are told to do so.

教学过程

教学环节与时间安排	教与学的过程	设计意图
Step1 Lead in 2 min. （导入）	Do you think it is important for us to know some safety rules according to the last lesson? Look at the picture. Q1：What happened? Student 1：There's a fire. Q2：Do you know what to do if there is a fire? Can you tell me? Discuss in groups. Ask a student say something. Student 2：… Teacher：It doesn't matter. After we learn this lesson, you can tell me what to do. We are going to learn what to do if there is a fire in our school？Let's find which group will learn best. 评价：（ 板书）	一、语言接触：由一幅现实生活中的火灾图片引入话题，使学生明白学好安全知识的重要性，急于想知道用英语表达火灾时自救的安全知识，激发了他们学习知识的动机和兴趣。

<table>
<tr>
<td></td>
<td>
<table>
<tr><th>Group1</th><th>Group2</th><th>Group3</th><th>Group4</th></tr>
<tr><td></td><td></td><td></td><td></td></tr>
<tr><td></td><td></td><td></td><td></td></tr>
<tr><td></td><td></td><td></td><td></td></tr>
<tr><td></td><td></td><td></td><td></td></tr>
<tr><td></td><td></td><td></td><td></td></tr>
</table>
</td>
<td>把学生分为4个小组比赛，看哪一组能胜。（让举手数量多的的同学组回答问题）激发全体同学参与体验的竞争意识。
不打开书，小组讨论，靠平时积累好的学生可以说出一部分，小组内同学之间可互相学习。为下一步语言体验做了铺垫。</td>
</tr>
<tr>
<td>Step 2
While－listening
8 min.</td>
<td>1. Let students open the books and look at 2. 2. Read the phases together, then complete the safety instructions with the phrases.
2. Check the answers in pairs.
3. Let the students of the group stand up to fill in the blanks.
4. Listen to the tape.
5. Read the passages after the tape 3. Let the students find the new words and difficult sentences.
4. Learn the new words and expressions.
板书：fire，towel，rescue，calm，marked，instruction，inform，in case of，as quickly as possible，wait for，not until</td>
<td>二、理解体验：首先让学生整体阅读文章获取主要信息，独立完成填空练习，有一个独立思考的过程，然后小组核对答案，小组成员之间可解决一些个人不能理解的词语和句子。</td>
</tr>
</table>

		然后全班订正答案。最后举手多的学生的小组同学回答问题，每回答对一个问题，小组加 2 分。听、读和找生词的过程是一个理解的过程。
Step 3 4 min.	Summary Learn the sentences.	三、语言聚焦：总结归纳，提炼句型。
Step 4 8 min	Look at the pictures and fill in the blanks. Picture 1 1. ______ calm. Picture 2 2. ______ as quickly as possible. 3. ______ the marked route. 4. ______ a wet towel to ______ your nose and mouth. Picture 3 1. ______ run. ______ shout. Picture 4 2. You ______ run. 3. You ______ shout. 4. You ______ push people. 5. ______ push people. Picture 5 Answer the questions. 1. Where should you go ? 2 What should you do if anyone is missing ? Picture 6 Look at the picture and make sentences using : must, mustn't .	分段阅读，逐步总结运用祈使句。 发现祈使句可转化为有情态动词的、句子，观察说话人使用情态动词的语气。 看最后一幅图，学生用情态动词说出安全规则。

Step 5 3 min.	Picture 7 __________ the car. You ________ park the car here. You ______ ______ park your car in the car park. The car ______ here.	四、语言运用：认识实际生活的警示图标并能填空。 （自主练习）小组活动，利用课文所学内容和提示词开展进一步的研究、探讨。相互交流，当双方的意见达到最终一致时，算是完成自己的任务。学生变被动学习为主动学习，变浅层次的参与为深层次的参与。通过交际发现问题，修正错误，得到提高。伙伴间融洽的气氛使相互间的纠错容易接受，消除了学生的畏惧心理。使学生能深刻地感受到学习的意义，发挥了“学以致用”的功效。
Step 6 5 min.	Look at 2. 4，Make sentences. Picture 8 put behind head stay table Picture 9 you stand corner Picture 10 if……	
Step 7 Discussion 3 min. （讨论）	为了提高学生安全意识，学校要举行地震安全撤离演习，请根据所给提示词写出一份安全须知（选用）。 earthquake，stay，leave，must，follow，push，inform，if，dangerous，corner should，return， Let students write the safety rules on the paper.	
Step 8 Writing 6 min. 写作	（口头）展示 抽签的形式：先抽组，后抽组员，目的是为了全员参与。	
Step 9 （展示） 5 min.		

Step 10 Assignment (作业)	Summary. P101 2.5	任务型活动：课外作业。课堂小组活动延伸到课外，学生仍然可以互相合作完成该写作任务。该环节是本课所有教学环节的延续，通过写的练习，使学生逐步学会使用文段中的语言素材，活用固定的表达方法。

板书设计

Lesson 29 Part 2　What to do in case of a fire

1. new words and phrases :

fire

calm

towel

marked

instruction

inform

rescue

in case of

as quickly as possible

wait for

not until

2. sentences :

Leave the building as quickly as possible.

Do not return to the building until you are told to do so.

课后反思

本节课通过不同的任务设置，让学生在小组活动中通过合作和探究来完成各个任务，从一开始引入图片以吸引学生，到阅读反馈是一个逐渐理解文段意思的过程，然后根据课文填空，难度较小，最后和生活实际结合，落实到笔头上，最后总结这节课。不同的任务设置激发了学生的学习兴趣和用英语表达的欲望，小组活动在竞赛中进行，使得小组活动既有合作又有竞争，增加了小组活动的有效性。同时小组竞赛，达到激励学生学习，帮助学生有效调控自己的学习过程，使学生获得成就感、增强自信心，培养合作精神的目的。

附录

初中英语新课程标准

一、英语课程分级目标

《国家英语课程标准》采用国际通用的分级方式，将英语课程目标按照能力水平设为九个级别。英语课程要求从 3 年级起开设英语课程。7 ~ 9 年级分别完成三、四、五级目标。

二、目标总体描述

级别	目标内容
三级	对英语学习表现出积极性和初步的自信心。能听懂有关熟悉话题的语段和简短的故事。能和教师或同学就熟悉的话题（如学校，家庭生活）交换信息。能读懂小故事及其他文体的简单的书面材料。能参照范例或借助图片写出简单的句子。能参与简单的角色扮演等活动。能尝试使用适当的学习方法，克服学习中遇到的困难。能意识到语言交际中存在文化差异。
四级	明确自己的学习需要和目标，对英语学习表现出较强的自信心。能在所设日常交际情景中听懂对话和小故事。能就熟悉的生活话题交流信息和简单的意见。能读懂短片故事。能写便条和简单的书信。能尝试使用不同的教育资源，从口头和书面材料中提取信息，扩展知识，解决简单的问题并描述结果。能在学习中互相帮助，克服困难。能合理计划和安排学习任务，积极探索适合自己的学习方法。在学习和日常交际中能注意到中外文化差异。

级别	目标内容
五级	有较明确的英语学习动机和积极主动的学习态度。能听懂教师有关熟悉话题的陈述并参与讨论。能就日常生活的各种话题与他人交换信息并陈述自己的意见。能读懂供7～9年级学生阅读的简单读物和报刊、杂志，克服生词障碍，理解大意。能根据阅读目的运用适当的阅读策略。能根据提示起草和修改小作文。能与他人合作，解决问题并报告结果，共同完成学习任务。能对自己的学习进行评价，总结学习方法。能利用多种教育资源进行学习。进一步增强对文化差异的理解和认识。

三、语言技能分级描述

级别	技能	目标描述
三级	听	1. 能识别不同句式的语调，如陈述句、疑问句和指令等。 2. 能根据语调变化，判断句子意义的变化。 3. 能辨认歌谣中的韵律。 4. 能识别语段中句子间的联系。 5. 能听懂学习活动中连续的指令和问题，并作出适当反应。 6. 能听懂有关熟悉话题的语段。 7. 能借助提示听懂教师讲述的故事。
	说	1. 能在课堂活动中用简短的英语进行交际。 2. 能就熟悉的话题进行简单的交流。 3. 能在教师的指导下参与简单的游戏和角色扮演活动。 4. 能利用所给提示（图片、幻灯片、实物、文字等）简单描述一件事情。 5. 能提供有关个人情况和个人经历的信息。 6. 能讲述简单的小故事。 7. 能背诵一定数量的英语小诗或歌谣，能唱一些英语歌曲。 8. 能在上述口语活动中语音、语调基本正确。

级别	技能	目标描述
三级	读	1. 能正确地朗读课文。 2. 能理解简短的书面指令，并根据要求进行学习活动。 3. 能读懂简单故事和短文并抓住大意。 4. 能初步使用简单的工具书。 5. 除教材外，课外阅读量应累计达到4万词以上。
	写	1. 能正确使用常用的标点符号。 2. 能使用简单的图表和海报等形式传达信息。 3. 能参照范例写出或回复简单的问候卡和邀请卡。 4. 能用短语或句子描述系列图片，编写简单的故事。
四级	听	1. 能听懂接近正常语速、熟悉话题的语段，识别主题，获取主要信息。 2. 能听懂简单故事的情节发展，理解其中主要人物和事件。 3. 能根据连续的指令完成任务。 4. 能听懂广播，电视中初级英语教学节目。
	说	1. 能根据提示给出连贯的简单指令。 2. 能引出话题并进行几个回合的交谈。 3. 能在教师的帮助下或根据图片用简单的语言描述自己或他人的经历。 4. 能在教师的指导下参与角色扮演等活动。 5. 能在上述口语活动中使用正确的语音、语调。
	读	1. 能连贯流畅地朗读课文。 2. 能读懂说明文等应用文体的材料。 3. 能从简单的文章中找出有关的信息，理解大意。 4. 能根据上下文猜测生词的意思。 5. 能理解并揭示图表提供的信息。 6. 能理解简易读物中的事件发生顺序和人物行为。 7. 能读懂简单的个人信件。 8. 能使用汉英词典等工具书帮助阅读理解。 9. 除教材外，课外阅读量应累计达到10万词以上。

级别	技能	目标描述
四级	写	1. 能正确使用标点符号。 2. 能用词组或简单句为自己创作的图片写出说明。 3. 能写出简短的文段，如简单的指令、规则。 4. 能在教师的帮助下或以小组讨论方式起草和修改作文。
五级	听	1. 能根据语调和重音理解说话者的意图。 2. 能听懂有关熟悉话题的谈话，并能从中提取信息和观点。 3. 能借助语境克服生词障碍，理解大意。 4. 能听懂接近正常语速的故事和记叙文，理解故事的因果关系。 5. 能在听的过程中用适当的方式作出反应。 6. 能针对所听语段的内容记录简单信息。
	说	1. 能就简单的话题提供信息，表达简单的观点和意见，参与讨论。 2. 能与他人沟通信息，合作完成任务。 3. 能在口头表达中进行适当的自我修正。 4. 能有效地询问信息和请求帮助。 5. 能根据话题进行情景对话。 6. 能用英语表演短剧。 7. 能在以上口语活动中语音、语调自然，语气恰当。
	读	1. 能根据上下文和构词法推断，理解生词的含义。 2. 能理解段落中各句子之间的逻辑关系。 3. 能找出文章中的主题，理解故事的情节，预测故事情节的发展和可能的结局。 4. 能读懂常见体裁的阅读材料。 5. 能根据不同的阅读目的运用简单的阅读策略获取信息。 6. 能利用字典等工具书进行学习。 7. 除教材外，课外阅读量应累计达到 15 万词以上。
	写	1. 能根据写作要求，收集、准备素材。 2. 能独立起草短文、短信等，并在教师指导下进行修改。 3. 能使用常见的连接词表示顺序和逻辑关系。 4. 能简单描述人物或事件。 5. 能根据所给图示或表格写出简单的段落或操作说明。

四、语言知识

级别	技能	目标描述
五级	语音	1. 了解语音在语言学习中的意义。 2. 了解英语语音包括发音、重音、连读、语调、节奏等内容。 3. 在日常生活会话中做到语音语调基本正确，自然流畅。 4. 根据重音和语调的变化理解和表达不同的意图和态度。 5. 根据读音拼写单词和短语。
	词汇	1. 了解英语词汇包括单词、短语、习惯用语和固定搭配等形式。 2. 理解和领悟词汇的基本含义以及在特定语境中的意义。 3. 运用词汇描述事物、行为和特征、说明概念等。 4. 学会使用 1500 ~ 1600 个的单词和 200 ~ 300 个习惯用语或固定搭配。
	语法	1. 了解常用语言形式的基本结构和常用表意功能。 2. 在实际运用中体会和领悟语言形式的表意功能。 3. 理解和掌握描述人和物的表达方式。 4. 理解和掌握描述具体事件和具体行为的发生、发展过程的表达方式。 5. 初步掌握描述时间、地点、方位的表达方式。 6. 理解掌握比较人、物体及事物的表达方式。
	功能	1. 在日常生活中恰当理解和表达问候、告别、感谢、介绍等交际功能。 2. 在日常人际交往中有效地进行表达。
	话题	1. 熟悉与学生个人、家庭和学校生活密切相关的话题。 2. 熟悉有关日常生活、兴趣爱好、风俗习惯、科学文化等方面的话题。

五、情感态度

级别	目标描述
五级	1. 有明确的学习英语目的，能认识到学习英语的目的在于交流。 2. 有学习英语的愿望和兴趣，乐于参与各种英语实践活动。 3. 有学好英语的信心，敢于用英语进行表达。 4. 能在小组活动中积极与他人合作，互相帮助，共同完成学习任务。 5. 能体会英语学习中的乐趣，乐于接触英语歌曲、读物等。 6. 能在英语交流中注意并理解他人的情感。 7. 遇到问题时，能主动向老师或同学请教，取得帮助。 8. 在生活中接触英语时，乐于探究其含义并尝试模仿。 9. 对祖国文化能有更深刻的了解。 10. 乐于接触并了解异国文化。

六、学习策略

级别	技能	目标描述
五级	认知策略	1. 根据需要进行预习。 2. 在学习中集中注意力。 3. 在学习中积极思考。 4. 在学习中善于记要点。 5. 在学习中善于利用图片等非语言信息理解主题。 6. 借助联想学习和记忆词语。 7. 对所学习内容能主动复习并加以整理和归纳。 8. 注意发现语言的规律并能运用规律举一反三。 9. 在使用英语中，能意识到错误并进行适当的纠正。 10. 必要时，有效地借助母语知识理解英语。 11. 尝试阅读英语故事及其他英语课外读物。

级别	技能	目标描述
五级	调控策略	1. 明确自己学习英语的目标。 2. 明确自己的学习需要。 3. 制定简单的英语学习计划。 4. 把握学习的主要内容。 5. 注意了解和反思自己学习英语中的进步和不足。 6. 积极探索适合自己的英语学习体会。 7. 经常与教师和同学交流学习体会。 8. 积极参与课内外英语学习活动。
	交际策略	1. 在课内外学习活动中能够用英语与他人交流。 2. 善于抓住用英语交际的机会。 3. 在交际中，把注意力集中在意思的表达上。 4. 在交际中，必要时借助手势、表情等进行交流。 5. 交际中遇到困难时，有效地寻求帮助。 6. 在交际中注意到中外交际习俗的差异。
	资源策略	1. 注意通过音像资料丰富自己的学习。 2. 使用简单工具书查找信息。 3. 注意生活中和媒体上所使用的英语。 4. 能初步利用图书馆或网络上的学习资源。

七、文化意识

级别	目标描述
五级	1. 了解英语交际中常用的体态语，如手势、表情等。 2. 恰当使用英语中不同的称谓语、问候语和告别语。 3. 了解、区别英语中不同性别常用的名字和亲昵的称呼习俗。 4. 了解英语国家正式和非正式场合的服饰和穿戴习俗。 5. 了解英语国家的饮食习俗。 6. 对别人的赞扬、请求等作出恰当的反应。 7. 了解英语国家中家庭成员之间的称呼习俗。

级别	目标描述
五级	8. 用恰当的方式表达赞扬、请求等意义。 9. 初步了解英语国家的地理位置、气候特点、历史等。 10. 了解常见植物在英语国家中的文化涵义。 11. 了解自然现象在英语中可能具有的文化涵义。 12. 了解英语国家中传统的文娱和体育活动。 13. 了解英语国家中重要的节假日及主要庆祝方式。 14. 加深对中国文化的理解。

第一部分 前言（1－9ELA1）

社会生活的信息化和经济的全球化，使英语的重要性日益突出。英语作为最重要的信息载体之一，已成为人类生活各个领域中使用最广泛的语言。许多国家在基础教育发展战略中，都把英语教育作为公民素质教育的重要组成部分，并将其摆在突出的地位。

改革开放以来，我国的英语教育规模不断扩大，教育教学取得了显著的成就。然而，英语教育的现状尚不能适应我国经济建设和社会发展的需要，与时代发展的要求还存在差距。此次英语课程改革的重点就是要改变英语课程过分重视语法和词汇知识的讲解与传授、忽视对学生实际语言运用能力的培养的倾向，强调课程从学生的学习兴趣、生活经验和认知水平出发，倡导体验、实践、参与、合作与交流的学习方式和任务型的教学途径，发展学生的综合语言运用能力，使语言学习的过程成为学生形成积极的情感态度、主动思维和大胆实践、提高跨文化意识和形成自主学习能力的过程。

一、课程性质（1－9′ELA′1.1）

外语是基础教育阶段的必修课程，英语是外语课程中的主要语种之一。

英语课程的学习，既是学生通过英语学习和实践活动，逐步掌握英语知识和技能，提高语言实际运用能力的过程；又是他们磨砺意志、陶冶情操、拓展视野、丰富生活经历、开发思维能力、发展个性和提高人文素养的过程。

基础教育阶段英语课程的任务是：激发和培养学生学习英语的兴趣，使学生树立自信心，养成良好的学习习惯和形成有效的学习策略，发展自主学习的能力和合作精神；使学生掌握一定的英语基础知识和听、说、读、写技能，形成一定的综合语言运用能力；培养学生的观察、记忆、思维、想象能力和创新精神；帮助学生了解世界和中西方文化的差异，拓展视野，培养爱国主义精神，形成健康的人生观，为他们的终身学习和发展打下良好的基础。

二、基本理念（1－9′ELA′1.2）

（一）面向全体学生，注重素质教育（1－9′ELA′1.2.1）

英语课程要面向全体学生，注重素质教育。课程特别强调要关注每个学生的情感，激发他们学习英语的兴趣，帮助他们建立学习的成就感和自信心，使他们在学习过程中发展综合语言运用能力，提高人文素养，增强实践能力，培养创新精神。

（二）整体设计目标，体现灵活开放（1－9′ELA′1.2.2）

基础教育阶段英语课程的目标是以学生语言技能、语言知识、情感态度、学习策略和文化意识的发展为基础，培养学生英语综合语言运用能力。《全日制义务教育普通高级中学英语课程标准（实验稿）》（以下简称《标准》），将课程目标设定为九个级别并以学生“能够做某事”具体描述各级别的要求，这种设计旨在体现基础教育阶段学生能力发展循序渐进的过程和课程要求的有机衔接，保证国家英语课程标准的整体性、灵活性和开放性。

（三）突出学生主体，尊重个体差异（1－9′ELA′1. 2. 3）

学生的发展是英语课程的出发点和归宿。英语课程在目标设定、教学过程、课程评价和教学资源的开发等方面都突出以学生为主体的思想。课程实施应成为学生在教师指导下构建知识、提高技能、磨砺意志、活跃思维、展现个性、发展心智和拓展视野的过程。

（四）采用活动途径，倡导体验参与（1－9′ELA′1. 2. 4）

本课程倡导任务型的教学模式，让学生在教师的指导下，通过感知、体验、实践、参与和合作等方式，实现任务的目标，感受成功。在学习过程中进行情感和策略调整，以形成积极的学习态度，促进语言实际运用能力的提高。

（五）注重过程评价，促进学生发展（1－9′ELA′1. 2. 5）

建立能激励学生学习兴趣和自主学习能力发展的评价体系。该评价体系由形成性评价和终结性评价构成。在英语教学过程中应以形成性评价为主，注重培养和激发学生学习的积极性和自信心。终结性评价应着重检测学生综合语言技能和语言应用能力。评价要有利于促进学生综合语言运用能力和健康人格的发展；促进教师不断提高教育教学水平；促进英语课程的不断发展与完善。

（六）开发课程资源，拓展学用渠道（1－9′ELA′1. 2. 6）

英语课程要力求合理利用和积极开发课程资源，给学生提供贴近学生实际、贴近生活、贴近时代的内容健康和丰富的课程资源；要积极利用音像、电视、书刊杂志、网络信息等丰富的教学资源，拓展学习和运用英语的渠道；积极鼓励和支持学生主动参与课程资源的开发和利用。

三、设计思路（1－9′ELA′1. 3）

《标准》采用国际通用的分级方式，将英语课程目标按照能力水平设为九个级别。该设计遵循了语言学习的规律和不同年龄段学生生理和心理发展的需求和特点，也考虑到我国民族众多、地域辽阔、经济和教育发展不平衡的实际，旨在体现国家英语课程标准的整体性、灵活性和开放性。

国家英语课程要求从3年级起开设英语课程。《标准》第二级为6年级结束时应达到的基本要求；第五级为9年级结束时应达到的基本要求；第八级为高中毕业的基本要求。第三、四、六、七级为第二、五、八级之间的过渡级。过渡级别的设置既有利于对各层次教学的指导，又为课程的灵活性和开放性提供了依据。

课程目标的级别不完全等同于基础教育阶段的各个年级。但是，分级目标对3~6年级、7~9年级和高中各学段或年级的教学和评价以及教材编写提供了循序渐进、稳步上升的指导性要求，有利于课程的整体实施。从3年级开设英语课程的学校，3、4年级应完成一级目标，5、6年级完成二级目标；7~9年级分别完成三、四、五级目标；高中阶段完成六、七、八级目标。第九级为外国语学校和外语特色学校高中毕业课程目标的指导级，该级别也可以作为部分学校少数英语特长学生基础教育阶段的培养方向。

各地区可以根据国家课程三级管理的有关政策规定，根据当地的条件和需要，适当调整相应学段英语课程的目标。教育基础和师资条件暂不具备的地区或学校，以及把英语作为第二外语开设的学校，可以适当降低相应学段英语课程目标的要求。英语教育基础和条件较好的（如从1年级起就开设英语课程的地区或学校），在不加重学生负担的前提下，可以适当提高相应学段级别的要求。

*备注：高中阶段英语课程的目标要求将可能在教育部新的高中课程计划确定之后作相应的调整。

第二部分　课程目标（1－9′ELA′2）

基础教育阶段英语课程的总体目标是培养学生的综合语言运用能力。综合语言运用能力的形成建立在学生语言技能、语言知识、情感态度、学习策略和文化意识等素养整体发展的基础上。语言知识和语言技能是综合语言运用能力的基础，文化意识是得体运用语言的保证。情感态度是影响学生学习和发展的重要因素，学习策略是提高学习效率、发展自主学习能力的保证。这五个方面共同促进综合语言运用能力的形成。

基础教育阶段英语课程目标的各个级别均以学生语言技能、语言知识、情感态度、学习策略和文化意识五个方面的综合行为表现为基础进行总体描述。以下是本课程一级至九级应达到的综合语言运用能力目标，如下表所示。

英语综合运用能力分级目标

组别	目标总体描述
一级 (1－9′ELA′2.1)	对英语有好奇心，喜欢听他人说英语。能根据教师的简单指令做游戏、做动作、做事情（如涂颜色、连线）。能做简单的角色扮演。能唱简单的英文歌曲，说简单的英语歌谣。能在图片的帮助下听懂和读懂简单的小故事。能交流简单的个人信息，表达简单的情感和感觉。能书写字母和单词。对英语学习中接触的外国文化习俗感兴趣。
二级 (1－9′ELA′2.2)	对英语学习有持续的兴趣和爱好。能用简单的英语互致问候，交换有关个人、家庭和朋友的简单信息。能根据所学内容表演小对话或歌谣。能在图片的帮助下听懂、读懂并讲述简单的故事。能根据图片或提示写简单的句子。在学习中乐于参与、积极合作、主动请教。乐于了解异国文化、习俗。
三级 (1－9′ELA′2.3)	对英语学习表现出积极性和初步的自信心。能听懂有关熟悉话题的语段和简短的故事。能与教师或同学就熟悉的话题（如学校、家庭生活）交换信息。能读懂小故事及其他文体的简单书面材料。能参照范例或借助图片写出简单的句子。能参与简单的角色扮演等活动。能尝试使用适当的学习方法，克服学习中的困难。能意识到语言交际中存在文化差异。

组别	目标总体描述
四级 (1-9′ELA′2.4)	明确自己的学习需要和目标，对英语学习表现出较强的自信心。能在所设日常交际情景中听懂对话和小故事。能就熟悉的生活话题交流信息和简单的意见。能读懂短篇故事。能写便条和简单的书信。能尝试使用不同的教育资源，从口头和书面材料中提取信息，扩展知识，解决简单的问题并描述结果。能在学习中相互学习帮助，克服困难。能合理计划和安排学习任务，积极探索适合自己的学习方法。在学习和日常交际中能注意到中外文化的差异。
五级 (1-9′ELA′2.5)	有较明确的英语学习动机和积极主动的学习态度。能听懂教师有关熟悉话题的陈述并参与讨论。能就日常生活的各种话题与他人交换信息并陈述自己的意见。能读懂供7~9年级学习阅读的简单读物和报刊、杂志，克服生词障碍，理解大意。能根据阅读目的运用适当的阅读策略。能根据提示起草和修改小作文。能与他人合作，解决问题并报告结果，共同完成学习任务。能对自己的学习进行评价，总结学习方法。能利用多种教育资源进行学习。进一步增强对文化差异的理解与认识。
六级 (1-9′ELA′2.6)	进一步增强英语学习动机，有较强的自主学习意识。能理解口头或书面材料中表达的观点并发表自己的见解。能有效地使用口头或书面语言描述个人经历。能在教师的帮助下计划、组织和实施各种英语学习活动。能主动扩展和利用学习资源，从多渠道获取信息。能根据自我评价结果调整学习目标和策略。能体会交际中语言的文化内涵的背景。
七级 (1-9′ELA′2.7)	有明确和持续的学习动机及自主学习意识。能就较广泛的话题交流信息，提出问题并陈述自己的意见和建议。能读懂供高中学习阅读的英语原著改写本及英语报刊。具有初步的实用写作能力，如通知、邀请活动。有主动利用多种教育资源进行学习。具有较强的自我调控能力，初步形成适合自己的学习策略。理解交际中的文化差异，初步形成跨文化交际意识。

组别	目标总体描述
八级 (1－9′ELA′2.8)	有较强的自信心和自主学习能力。能就熟悉的话题与讲英语的人士进行比较自然的交流。能就口头或书面材料的内容发表评价性见解。能写出连贯且结构完整的短文。自主策划、组织和实施各种语言实践活动，如商讨和制订计划、报告实验和调查结果。能有效利用网络等多种教育资源获取和处理信息。能自觉评价学习效果，形成有效的英语学习策略。了解交际中的文化内涵和背景，对异国文化采取尊重和包容的态度。
九级 (1－9′ELA′2.9)	有自主学习能力。能听懂有关熟悉话题的演讲、讨论、辩论和报告的主要内容。能就国内普遍关心的问题如环保、人口、和平与发展等用英语进行交谈，表明自己的态度和观点。能做到日常生活的口头翻译。能利用各种机会用英语进行真实交际。能借助字典阅读题材较为广泛的科普文章和文学作品。能用常见应用文体完成一般的写作任务，并具有初步使用文献的能力。能自主开拓学习渠道，丰富学习资源。具有较强的世界意识。

第三部分　内容标准 (1－9′ELA′3)

按照基础教育阶段英语课程分级总体目标的要求，本课程标准对语言技能、语言知识、情感态度、学习策略和文化意识等五个方面分别提出了相应的具体内容标准，其中对语言技能中的听、说、读、写四个技能提出九个级别的目标要求（根据学生生理和心理特点以及他们的认知发展水平和情感需要，在一级、二级提出了更为具体的语言技能目标要求）；对语言知识中的语音、语法、词汇、功能和话题提出二级、五级和八级的目标要求；对情感态度、学习策略和文化意识也提出了二级、五级和八级的目标要求。

一、语言技能（1－9′ELA′3.1）

语言技能是构成语言交际能力的重要组成部分。语言技能包括听、说、读、写四个方面的技能以及这四种技能的综合运用能力。听和读是理解的技能，说和写是表达的技能；这四种技能在语言学习和交际中相辅相成、相互促进。学生应通过大量的专项和综合性语言实践活动，形成综合语言运用能力，为真实语言交际打基础。因此，听、说、读、写既是学习的内容，又是学习的手段。语言技能目标以学生在某个级别“能做什么”为主要内容，这不仅有利于调动学生的学习积极性，促进学生语言运用能力的提高，也有利于科学、合理地评价学生的学习结果。下表是语言技能的分级目标。

语言技能一级目标（1′ELA′3.1.1）

级别	技能	目标描述
一级	听做 （1′ELA′3.1.1.1）	1. 能根据听到的词语识别或指认图片或实物。 2. 能听懂课堂简短的指令并作出相应的反应。 3. 能根据指令做事情，如：指图片、涂颜色、画图、做动作、做手工等。 4. 能在图片和动作的提示下听懂简单的小故事并作出反应。
	说唱 （1′ELA′3.1.1.2）	1. 能根据录音模仿说英语。 2. 能相互致以简单的问候。 3. 能相互交流简单的个人信息，如：姓名、年龄等。 4. 能表达简单的情感和感觉，如：喜欢和不喜欢。 5. 能够根据表演猜测意思、说词语。 6. 能唱英语儿童歌曲15～20首，说歌谣15～20首。 7. 能根据图文说出单词或短句。
	玩演 （1′ELA′3.1.1.3）	1. 能用英语做游戏并在游戏中用英语进行简单的交际。 2. 能做简单的角色表演。 3. 能表演英文歌曲及简单的童话剧，如《小红帽》等。

级别	技能	目标描述
一级	读写 (1′ELA′3. 1. 1. 4)	1. 能看图识字。 2. 能在指认物体的前提下认读所学词语。 3. 能在图片的帮助下读懂简单的小故事。 4. 能正确书写字母和单词。
	视听 (1′ELA′3. 1. 1. 5)	1. 能看懂语言简单的英语动画片或程度相当的教学节目。 2. 视听时间每学年不少于 10 小时（平均每周 20 ~ 25 分钟）。

语言技能二级目标（2′ELA′3. 1. 2）

级别	技能	目标描述
二级	听 (2′ELA′3. 1. 2. 1)	1. 能在图片、图像、手势的帮助下，听懂简单的话语或录音材料。 2. 能听懂简单的配图小故事。 3. 能听懂课堂活动中简单的提问。 4. 能听懂常用指令和要求并作出适当反应。
	说 (2′ELA′3. 1. 2. 2)	1. 能在口头表达中做到发音清楚、语调达意。 2. 能就所熟悉的个人和家庭情况进行简短对话。 3. 能运用一些最常用的日常套语（如问候、告别、致谢、致歉等）。 4. 能在教师的帮助下讲述简单的小故事。
	读 (2′ELA′3. 1. 2. 3)	1. 能认读所学词语。 2. 能根据拼读的规律，读出简单的单词。 3. 能读懂教材中简短的要求或指令。 4. 能看懂贺卡等所表达的简单信息。 5. 能借助图片读懂简单的故事或小短文，并养成按意群阅读的习惯。 6. 能正确朗读所学故事或短文。

级别	技能	目标描述
二	写 (2′ELA′3. 1. 2. 4)	1. 能模仿范例写句子。 2. 能写出简单的问候语。 3. 能根据要求为图片、实物等写出简短的标题或描述。 4. 能基本正确地使用大小写字母和标点符号。
	玩演视听 (2′ELA′3. 1. 2. 5)	1. 能按要求用简单的英语做游戏。 2. 能在教师的帮助下表演小故事或童话剧。 3. 能表演歌谣或简单的诗歌 30 ~ 40 首(含一级要求); 4. 能演唱英文歌曲 30 ~ 40 首(含一级要求)。 5. 能看懂英文动画片和程度相当的英语教学节目,每学年不少于 10 小时(平均每周不少于 20 ~ 25 分钟)。

语言技能三级目标(3′ELA′3. 1. 3)

级别	技能	目标描述
三级	听 (3′ELA′3. 1. 3. 1)	1. 能识别不同句式的语调,如:陈述句、疑问句和指令等。 2. 能根据语调变化,判断句子意义的变化。 3. 能辨认歌谣中的韵律。 4. 能识别语段中句子间的联系。 5. 能听懂学习活动中连续的指令和问题,并作出适当反应。 6. 能听懂有关熟悉话题的语段。 7. 能借助提示听懂教师讲述的故事。
	说 (3′ELA′3. 1. 3. 2)	1. 能在课堂活动中用简短的英语进行交际。 2. 能就熟悉的话题进行简单的交流。 3. 能在教师的指导下参与简单的游戏和角色扮演活动。 4. 能利用所给提示(如图片、幻灯片、实物、文字等)简单描述一件事情。 5. 能提供有关个人情况和个人经历的信息。 6. 能讲述简单的小故事。 7. 能背诵一定数量的英语小诗或歌谣,能唱一些英语歌曲。 8. 能在上述口语活动中语音、语调基本正确。

级别	技能	目标描述
三级	读 (3′ELA′3. 1. 3. 3)	1. 能正确朗读课文。 2. 能理解简短的书面指令，并根据要求进行学习活动。 3. 能读懂简单故事和短文并抓住大意。 4. 能初步使用简单的工具书。 5. 除教材外，课外阅读量达到4万词以上。
	写 (3′ELA′3. 1. 3. 4)	1. 能正确使用常用的标点符号。 2. 能使用简单的图表和海报等形式传达信息。 3. 能参照范例写出或回复简单的问候卡和邀请卡。 4. 能用短语或句子描述系列图片，编写简单的故事。

语言技能四级目标（4′ELA′3. 1. 4）

级别	技能	目标描述
四级	听 (4′ELA′3. 1. 4. 1)	1. 能听懂接近正常语速、熟悉话题的语段，识别主题，获取主要信息。 2. 能听懂简单故事的情节发展，理解其中主要人物和事件。 3. 能根据连续的指令完成任务。 4. 能听懂广播、电视中初级英语教学节目。
	说 (4′ELA′3. 1. 4. 2)	1. 能根据提示给出连贯的简单指令。 2. 能引出话题并进行几个回合的交谈。 3. 能在教师的帮助下或根据图片用简单的语言描述自己或他人的经历。 4. 能在教师的指导下参与角色扮演等活动。 5. 能在上述口语活动中使用正确的语音、语调。

级别	技能	目标描述
四级	读 (4′ELA′3.1.4.3)	1. 能连贯、流畅地朗读课文。 2. 能读懂说明文等应用文体的材料。 3. 能从简单的文章中找出有关信息，理解大意。 4. 能根据上下文猜测生词的意思。 5. 能理解并解释图表提供的信息。 6. 能理解简易读物中的事件发生顺序和人物行为。 7. 能读懂简单的个人信件。 8. 能使用英汉词典等工具书帮助阅读理解。 9. 除教材外，课外阅读量应累计达到10万词以上。
	写 (4′ELA′3.1.4.4)	1. 能正确使用标点符号。 2. 能用词组或简单句为自己创作的图片写出说明。 3. 能写出简短的文段，如简单的指令、规则。 4. 能在教师的帮助下或以小组讨论的方式起草和修改作文。

语言技能五级目标（5′ELA′3.1.5）

级别	技能	目标描述
五级	听 (5′ELA′3.1.5.1)	1. 能根据语调和重音理解说话者的意图。 2. 能听懂有关熟悉话题的谈话，并能从中提取信息和观点。 3. 能借助语境克服生词障碍，理解大意。 4. 能听懂接近正常语速的故事和记叙文，理解故事的因果关系。 5. 能在听的过程中用适当方式作出反应。 6. 能针对所听语段的内容记录简单信息。

级别	技能	目标描述
五级	说 (5′ELA′3. 1. 5. 2)	1. 能就简单的话题提供信息，表达简单的观点和意见，参与讨论。 2. 能与他人沟通信息，合作完成任务。 3. 能在口头表达中进行适当的自我修正。 4. 能有效地询问信息和请求帮助。 5. 能根据话题进行情景对话。 6. 能用英语表演短剧。 7. 能在以上口语活动中语音、语调自然，语气恰当。
	读 (5′ELA′3. 1. 5. 3)	1. 能根据上下文和构词法推断、理解生词的含义。 2. 能理解段落中各句子之间的逻辑关系。 3. 能找出文章中的主题，理解故事的情节，预测故事情节的发展和可能的结局。 4. 能读懂常见体裁的阅读材料。 5. 能根据不同的阅读目的运用简单的阅读策略获取信息。 6. 能利用字典等工具书进行学习。 7. 除教材外，课外阅读量应累计达到15万词以上
	写 (5′ELA′3. 1. 5. 4)	1. 能根据写作要求，收集、准备素材。 2. 能独立起草短文、短信等，并在教师的指导下进行修改。 3. 能使用常见的连接词表示顺序和逻辑关系。 4. 能简单描述人物或事件。 5. 能根据所给图示或表格写出简单的段落或操作说明。

语言技能六级目标（6′ELA′3. 1. 6）

级别	技能	目标描述
六级	听 （6′ELA′3. 1. 6. 1）	1. 能抓住所听语段中的关键词，理解句子之间的逻辑关系。 2. 能从听力材料、简单演讲或讨论中提取信息和观点。 3. 能听懂正常语速的故事或记叙文，了解其中主要人物和事件以及他们之间的关系。 4. 能听懂日常的要求和指令，并能根据要求和指令完成任务。
	说 （6′ELA′3. 1. 6. 2）	1. 能传递信息并就熟悉的话题表达看法。 2. 能通过重复、举例、解释等方式澄清意思。 3. 能有条理地描述个人体验和表达个人的见解和想象。 4. 能用恰当方式在特定场合中表达态度和意愿。 5. 能使用恰当的语调、语气和节奏表达自己的意图。
	读 （6′ELA′3. 1. 6. 3）	1. 能从一般文字资料中获取主要信息和观点。 2. 能利用上下文和句子结构猜测词义。 3. 能根据上下文线索推理、预测故事情节的发展。 4. 能根据阅读目的确定不同的阅读策略。 5. 能通过不同信息渠道查找所需信息。 6. 除教材外，课外阅读量应累计达到20万词以上。
	写 （6′ELA′3. 1. 6. 4）	1. 能用恰当的格式写便条和简单的信函。 2. 能描述简单的人物或事件，并表达自己的见解。 3. 能以小组为单位把课文改编成短剧。 4. 能用恰当的语言书写不同的问候卡。 5. 能给朋友、笔友写信，交流信息和情感。

语言技能七级目标（7′ELA′3. 1. 7）

级别	技能	目标描述
七级	听 （7′ELA′3. 1. 7. 1）	1. 能识别语段中的重要信息并进行简单的推断。 2. 能根据所听的内容做笔记。 3. 能根据话语中的线索把相关事实和信息联系起来。 4. 能听懂故事中对人和物的描写、情节的发展和结果。
	说 （7′ELA′3. 1. 7. 2）	1. 能用英语进行语言实践活动。 2. 能根据命题，稍做准备后，作简短的发言。 3. 能针对问题提出解决问题的建议和办法。 4. 能就一般话题作口头陈述。 5. 能对询问和要求做出恰当的反应。
	读 （7′ELA′3. 1. 7. 3）	1. 能从文章中获取主要信息并能摘录要点。 2. 能理解文章主旨、作者意图。 3. 能提取、筛选和重新组织简单文章中的信息。 4. 能利用上下文的线索帮助理解。 5. 能理解和欣赏一些浅显的经典英语诗歌。 6. 除教材外，课外阅读量应累计达到 30 万词以上。
	写 （7′ELA′3. 1. 7. 4）	1. 能用文字及图表提供信息并进行简单描述。 2. 能写出常见体裁的短文，如报告或信函。 3. 能描述人物或事件，并表达自己的见解。 4. 能填写有关个人情况的表格，如申请表、求职表。 5. 能做简单的书面翻译。

语言技能八级目标（8′ELA′3. 1. 8）

级别	技能	目标描述
八级	听 （8′ELA′3. 1. 8. 1）	1. 能识别不同语气所表达的不同态度。 2. 能听懂有关熟悉话题的讨论和谈话并记住要点。 3. 能抓住简单语段中的观点。 4. 能基本听懂广播、电视英语新闻的主题或大意。 5. 能听懂委婉的建议、劝告等。
	说 （8′ELA′3. 1. 8. 2）	1. 能使用恰当的语调和节奏。 2. 能根据学习任务进行商讨和制订计划。 3. 能报告实验和调查研究的过程和结果。 4. 能经过准备就一般话题作 3 分钟演讲。 5. 能在日常人际交往中有效地使用语言进行表达，如发表意见、进行判断、责备、投诉等。 6. 能做一般的生活翻译，如带外宾购物、游览等。
	读 （8′ELA′3. 1. 8. 3）	1. 能理解阅读材料中不同的观点和态度。 2. 能识别不同文体的特征。 3. 能通过分析句子结构理解难句和长句。 4. 能在教师的帮助下欣赏浅显的文学作品。 5. 能根据学习任务的需要从电子读物或网络中获取信息并进行加工处理。 6. 除教材外，课外阅读量应累计达到 36 万词以上。
	写 （8′ELA′3. 1. 8. 4）	1. 能写出连贯且结构完整的短文，叙述事情或表达观点和态度。 2. 能根据课文写摘要。 3. 能在写作中做到文体规范、语句通顺。 4. 能根据用文字及图表提供的信息写短文或报告。

语言技能九级目标（9′ELA′3.1.9）

级别	技能	目标描述
九级	听 (9′ELA′3.1.9.1)	1. 能听懂有关熟悉话题的演讲、讨论、辩论和报告。 2. 能听懂国内外一般的英语新闻广播及天气预报。 3. 能抓住较长发言的内容要点，理解讲话人的观点及目的。 4. 能从言谈中判断对方的态度、喜恶、立场。 5. 能理解一般的幽默。 6. 能在听的过程中克服一般性的口音干扰。
	说 (9′ELA′3.1.9.2)	1. 能就国内外普遍关心的问题如环保、人口、和平与发展等用英语交谈，表明自己的态度和观点。 2. 能把握交谈时的分寸，会用客套语，会提出问题，会结束谈话。 3. 能经过准备就一些专题作5～10分钟演讲并回答有关提问。 4. 能用英语接受面试。 5. 能作一般性口头翻译。 6. 能在交际中恰当地表达自己的情感。 7. 能对交际中产生的误会加以澄清或解释。
	读 (9′ELA′3.1.9.3)	1. 能阅读一般的英文报刊杂志，获取主要信息。 2. 阅读一般英文原著，抓住主要情节，了解主要人物。 3. 能读懂各种商品的说明书等非专业技术性的资料。 4. 能根据情景及上下文猜测不熟悉的语言现象。 5. 能使用多种参考资料和工具书解决较复杂的语言疑难。 6. 有广泛的阅读兴趣及良好的阅读习惯。 7. 能有效地利用网络等媒体获取和处理信息。

级别	技能	目标描述
九级	写 (9′ELA′3. 1. 9. 4)	1. 能用英文书写摘要、报告、通知、公务信函等。 2. 能比较详细和生动地用英语描述情景、态度或感情。 3. 能阐述自己的观点、评述他人的观点，文体恰当、用词准确。 4. 能在写作中恰当地处理引用的资料及他人的原话。 5. 能填写各种表格、写个人简历和申请书，用语基本正确、得当。 6. 能作非专业性的笔头翻译。 7. 在以上写作过程中做到文字通顺，格式正确。

二、语言知识（1－9′ELA′3. 2）

基础教育阶段学生应该学习和掌握的英语语言基础知识包括语音、词汇、语法、功能和话题等五方面的内容。知识是语言能力的有机组成部分，是发展语言技能的重要基础。下面三个表是二级、五级和八级语言知识的分级目标。

语言知识二级目标（2′ELA′3. 2. 1）

级别	技能	目标描述
二级	语音 (2′ELA′3. 2. 1. 1)	1. 知道错误的发音会影响交际。 2. 知道字母名称的读音。 3. 了解简单的拼读规律。 4. 了解单词有重音。 5. 语音清楚，语调自然。
	词汇 (2′ELA′3. 2. 1. 2)	1. 学习有关本级话题范围的600～700个单词和50个左右的习惯用语。 2. 了解单词是由字母构成的。

级别	技能	目 标 描 述
二级	语法 (2′ELA′3. 2. 1. 3)	1. 知道名词有单复数形式。 2. 知道主要人称代词的区别。 3. 知道动词在不同情况下会有形式上的变化。 4. 了解表示时间、地点和位置的介词。 5. 了解英语简单句的基本形式和表意功能。
	功能 (2′ELA′3. 2. 1. 4)	了解问候、告别、感谢、致歉、介绍、请求等交际功能的基本表达形式。
	话题 (2′ELA′3. 2. 1. 5)	能理解和表达有关下列话题的简单信息：数字、颜色、时间、天气、食品、服装、玩具、动植物、身体、个人情况、家庭、学校、朋友、文体活动、节日等。

语言知识五级目标（5′ELA′3. 2. 2）

级别	技能	目 标 描 述
五级	语音 (5′ELA′3. 2. 2. 1)	1. 了解语音在语言学习中的意义。 2. 了解英语语音包括发音、重音、连读、语调、节奏等内容。 3. 在日常生活会话中做到语音、语调基本正确、自然、流畅。 4. 根据重音和语调的变化理解和表达不同的意图和态度。 5. 根据读音拼写单词和短语。
	词汇 (5′ELA′3. 2. 2. 2)	1. 学习有关本级话题范围的600～700个单词和50个左右的习惯用语。 2. 了解单词是由字母构成的。

级别	技能	目标描述
五级	语法 （5′ELA′3. 2. 2. 3）	1. 了解常用语言形式的基本结构和常用表意功能。 2. 在实际运用中体会和领悟语言形式的表意功能。 3. 理解和掌握描述人和物的表达方式。 4. 理解和掌握描述具体事件和具体行为的发生、发展过程的表达方式。 5. 初步掌握描述时间、地点、方位的表达方式。 6. 理解、掌握比较人、物体及事物的表达方式。
	功能 （5′ELA′3. 2. 2. 4）	1. 在日常生活中恰当理解和表达问候、告别、感谢、介绍等交际功能。 2. 在日常人际交往中有效地进行表达。
	话题 （5′ELA′3. 2. 2. 5）	1. 熟悉与学生个人、家庭和学校生活密切相关的话题。 2. 熟悉有关日常生活、兴趣爱好、风俗习惯、科学文化等方面的话题。

语言知识八级目标（8′ELA′3. 2. 3）

级别	技能	目标描述
八级	语音 （8′ELA′3. 2. 3. 1）	1. 在实际交际中逐步做到语音、语调自然、得体、流畅。 2. 根据语音、语调了解和表达隐含的意图和态度。 3. 了解诗歌中的节奏和韵律。 4. 根据语音辨别和书写不太熟悉的单词或简单语句。
	词汇 （8′ELA′3. 2. 3. 2）	1. 运用词汇理解和表达不同的功能、意图和态度等。 2. 运用词汇描述比较复杂的事物、行为和特征，说明概念等。 3. 学会使用3000个单词和400～500个习惯用语或固定搭配。

级别	技能	目标描述
八级	语法（8′ELA′3. 2. 3. 3）	1. 进一步掌握描述时间、地点、方位的表达方式。 2. 进一步理解、掌握比较人、物体及事物的表达方式。 3. 使用适当的语言形式进行描述和表达观点、态度、情感等。 4. 学习、掌握基本语篇知识并根据特定目的有效地组织信息。
	功能（8′ELA′3. 2. 3. 4）	1. 在更广的语境中恰当理解和表达问候、告别、感谢、介绍等交际功能。 2. 在日常人际交往中有效地使用得体的语言进行表达，如发表意见、进行判断、责备、投诉等。 3. 灵活运用已经学过的常用功能项目，进一步学习并掌握新的语言功能项目。 4. 在实际生活中较熟练地实现信息沟通的目的。
	话题（8′ELA′3. 2. 3. 5）	1. 熟悉个人、家庭和社会交往等方面的话题。 2. 进一步熟悉有关日常生活、兴趣爱好、风俗习惯、科学文化等方面的话题。 3. 熟悉我国一般社会生活的话题：职业、节日、风俗、社交礼仪等。 4. 了解有关英语国家日常生活习惯的话题。

三、学习策略（1－9′ELA′3. 3，略）

四、学习策略（1－9′ELA′3. 4，略）

五、文化意识（1－9′ELA′3. 5）。

语言有丰富的文化内涵。在外语教学中，文化是指所学语言国家的历史地理、风土人情、传统习俗、生活方式、文学艺术、行为规范、价值观念等。接触和了解英语国家文化有益于对英语的理解和使用，有益于加深对本国文化的理解与认识，有益于培养世界意识。在教学中，教师应根据学生的年龄特点和认知能力，逐步扩展文化知识的内容和范围。在起始阶段应使学生对英语国家文化及中外文化的异同有粗略的了解，教学中涉及的英语国家文化知识，应与学生身边的日常生活密切相关并能激发学生学习英语的兴趣。在英语学习的较高阶段，要通过扩大学生接触异国文化的范围，帮助学生拓展视野，使他们提高对中外文化异同的敏感性和鉴别能力，进而提高跨文化交际能力。

下表是二级、五级和八级的文化意识分级目标。

二、五、八级文化意识分级表

级别	目 标 描 述
二级 (2′ELA′3. 5. 1)	1. 知道英语中最简单的称谓语、问候语和告别语。 2. 对一般的赞扬、请求等作出适当的反应。 3. 知道国际上最重要的文娱和体育活动。 4. 知道英语国家中最常见的饮料和食品的名称。 5. 知道主要英语国家的首都和国旗。 6. 了解世界上主要国家的重要标志物，如：英国的大本钟等。 7. 了解英语国家中重要的节假日。
五级 (5′ELA′3. 5. 2)	1. 了解英语交际中常用的体态语，如手势、表情等。 2. 恰当使用英语中不同的称谓语、问候语和告别语。 3. 了解、区别英语中不同性别常用的名字和亲昵的称呼。 4. 了解英语国家中家庭成员之间的称呼习俗。 5. 了解英语国家正式和非正式场合的服饰和穿戴习俗。 6. 了解英语国家的饮食习俗。 7. 对别人的赞扬、请求等作出恰当的反应。 8. 用恰当的方式表达赞扬、请求等意义。 9. 初步了解英语国家的地理位置、气候特点、历史等。 10. 了解常见动植物在英语国家中的文化涵义。 11. 了解自然现象在英语中可能具有的文化涵义。 12. 了解英语国家中传统的文娱和体育活动。 13. 了解英语国家中重要的节假日及主要庆祝方式。 14. 加深对中国文化的理解。

级别	目标描述
八级 (8′ELA′3.5.3)	1. 理解英语中常见成语和俗语及其文化内涵。 2. 理解英语交际中常用典故或传说。 3. 了解英语国家主要的文学家、艺术家、科学家的经历、成就和贡献。 4. 初步了解主要英语国家的政治、经济等方面的情况。 5. 了解英语国家中主要大众传播媒体的情况。 6. 了解主要英语国家与中国的生活方式的异同。 7. 了解英语国家人们在行为举止、待人接物等方面与中国人的异同。 8. 了解英语国家主要宗教传统。 9. 通过学习英语了解世界文化，培养世界意识。 10. 通过中外文化对比，加深对中国文化的理解。

第四部分　实施建议（1－9′ELA′4，略）

后　记

本书的写作过程是一个理论与实践对话的过程。一线教师丰富的教学实践和教学智慧，成为本书宝贵的精神财富。书中汇集了大量来自中学一线教师的生动而鲜活的教育和教学案例，这些案例反映了在新课程标准下教学工作面对的新问题，以及解决这些问题的新途径和新方法。

书的作者都是来自中学一线的教师。虽然他们自己在实际的工作中积累了丰富的教学经验，但是，口头上说说容易，真的要把它们变成文字——不仅要写出自己是如何理解新课程标准的，还要讲出道理来，即为什么这么做，也就是我们通常所说的反思，并不是一件易事。更何况，作为一线教师，他们平时都承担着繁重的教学任务，只能抽时间进行写作，所以能够完成本书完全是出于对这份事业的热爱，目的也只有一个——希望通过自己对新课程标准的理解和实践，分享自己的教学经验和体会，给更多的教师一点有益的启发。

天津市南开中学李健老师担任本书的主编工作，并撰写了相关章节内容。北京市大成学校崔金明、北京市大成学校段云霞、北京市铁路第二中学黄娟娟、天津市二十五中学何坤也分别撰写了相关课例内容。